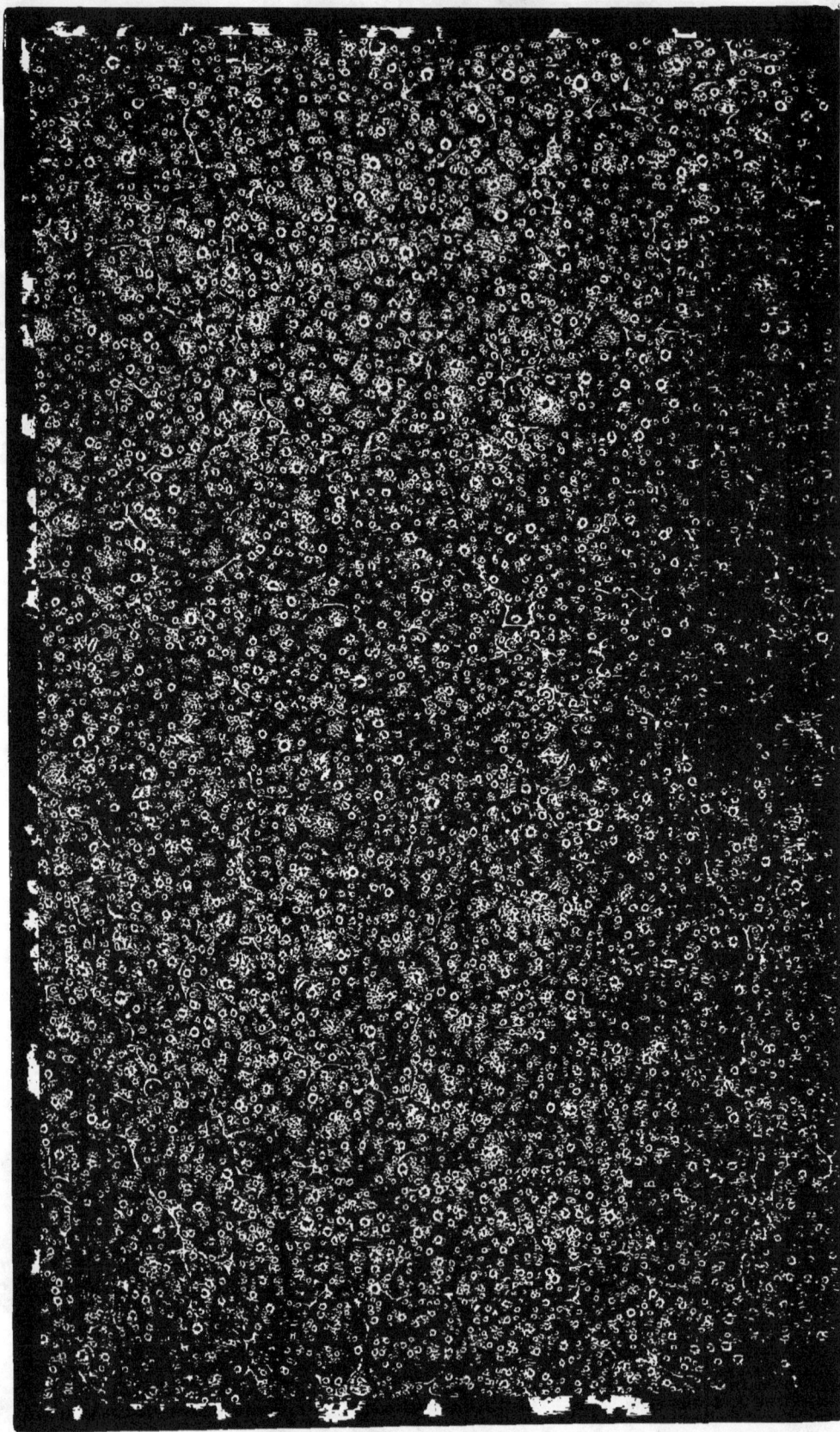

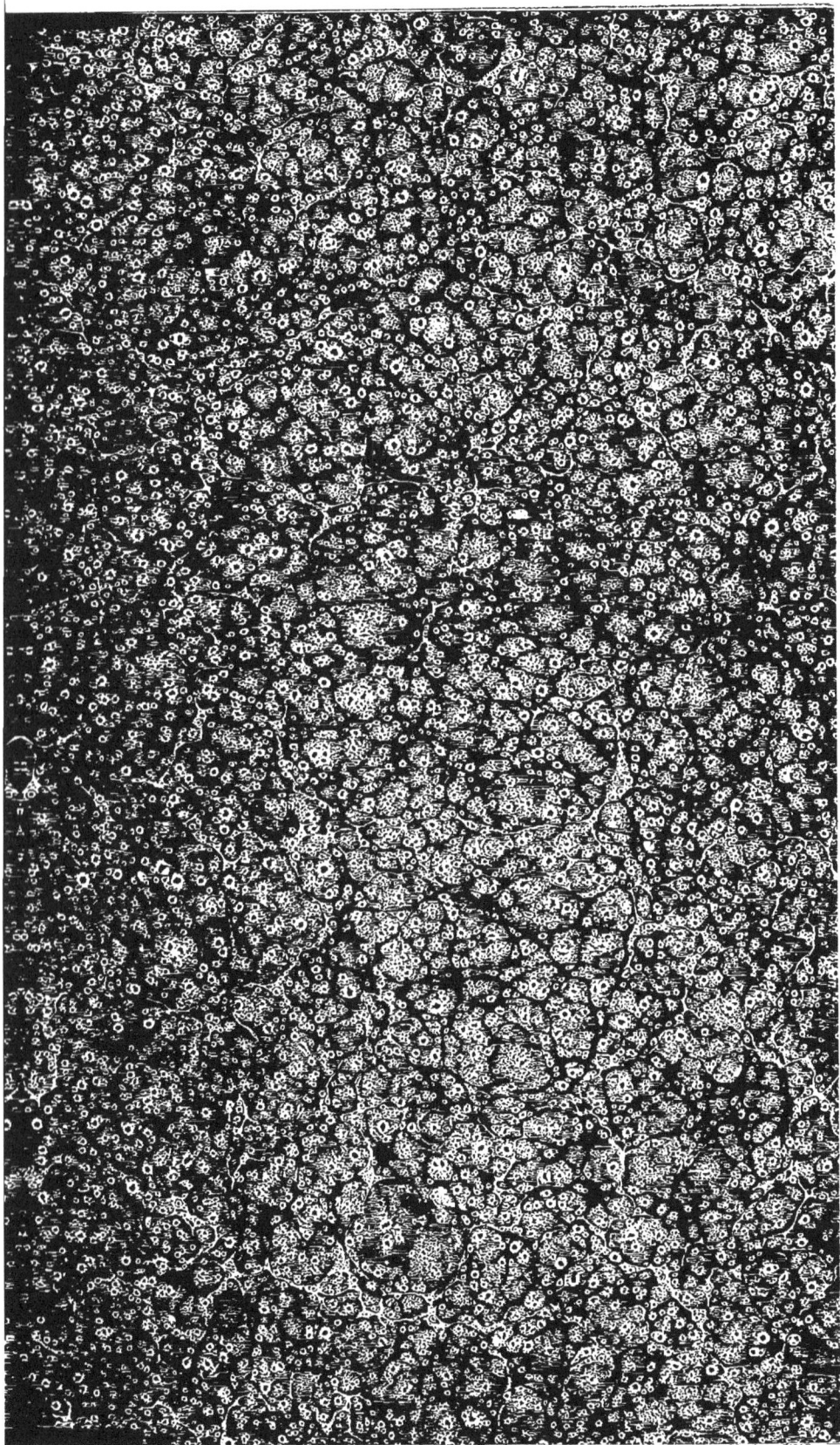

COURS

D'ÉCONOMIE RURALE.

IMPRIMERIE DE Mme Ve BOUCHARD-HUZARD,
rue de l'Éperon, 5.

COURS

D'ÉCONOMIE RURALE

PROFESSE

A L'INSTITUT AGRICOLE DE HOHENHEIM

PAR M. GŒRITZ.

⊛

TRADUIT SUR MANUSCRIT ALLEMAND

PAR

JULES RIEFFEL,

DIRECTEUR DE LA FERME RÉGIONALE DU GRAND-JOUAN, CHEVALIER DE LA LÉGION D'HONNEUR

⊛

TOME SECOND.

Paris,

IMPRIMERIE ET LIBRAIRIE D'AGRICULTURE ET D'HORTICULTURE

DE Mme Ve BOUCHARD-HUZARD,

RUE DE L'ÉPERON, 5.

—

1850

COURS

D'ÉCONOMIE RURALE.

CHAPITRE V.

DES SYSTÈMES DE CULTURE ET DES ASSOLEMENTS.

On confond souvent les deux expressions système de culture et assolement, bien que leur valeur ne se confonde que dans le cas où une exploitation consiste uniquement en terres arables. Un système de culture embrasse toutes les parties d'un domaine, nommément les prairies permanentes et les pâturages, aussi bien que les terres arables; l'assolement, au contraire, s'applique spécialement au choix et à l'arrangement des plantes sur les terres arables.

Le chapitre cinquième embrasse cinq sections :

La première traite des systèmes de culture en général ;

La deuxième, du choix et de la succession des plants ;

La troisième, des assolements le plus fréquemment usités ;

La quatrième, des assolements exceptionnels ;

La cinquième, du passage d'un assolement à un autre.

Section première.

DES SYSTÈMES DE CULTURE EN GÉNÉRAL.

En traçant le système de culture d'une exploitation, il faut tout d'abord se rendre compte si l'exploitation doit être extensive ou intensive, ou jusqu'à quel point l'un de ces modes doit l'emporter sur l'autre. On examinera ensuite toutes les diverses parties qui composent le domaine, tant en elles-mêmes que dans leurs rapports naturels, pour voir si chacune d'elles n'est pas favorisée ou lésée au point de porter préjudice à l'autre, ou même d'abaisser le revenu net. Il arrive fréquemment qu'on peut faire des changements utiles : par exemple, des vignobles peuvent être convertis en champ de luzerne ou de sainfoin ; des pâturages, des prés secs, des bois en champs ; des champs humides, au contraire, en prés et pâturages ; des étangs à dessécher, etc. Une fois ce point éclairci et chaque chose bien établie, on pourra, pour le moment, considérer le système de culture comme fixé et préparer la composition de l'assolement.

§ 1ᵉʳ. *Agriculture pastorale pure.*

Le sol du domaine se compose ici uniquement soit de pâturages, soit de prés, soit enfin concurremment des uns et des autres. La culture des champs est entièrement exclue. L'herbager tire ses revenus de la production animale. Ce système est exclusivement adopté dans les hautes régions des pâturages et des forêts ; cependant il se rencontre aussi quelquefois dans des régions plus tempérées et de riches vallées. Quelque peu de culture jardinière, pour produire les denrées les plus indispensables à la vie, se trouve joint à ce système dans les montagnes ; dans des contrées plus favorisées, on a, de plus, la culture des arbres fruitiers.

§ 2. *Agriculture pastorale mixte, avec pâture sauvage.*

Dans ce système on laisse la terre, sans l'utiliser autrement que par le pâturage, se reposer durant une série arbitraire d'années, jusqu'à ce qu'elle soit devenue susceptible de porter une ou plusieurs céréales. Après la récolte de ces céréales, le parcours recommence, afin que, par l'engazonnement et les déjections des bestiaux, le sol reprenne la fécondité nécessaire à une ou à quelques récoltes. Il ne peut pas être question, ici, de fumer la terre avec du fumier.

Ce mode d'exploitation sans règles n'a lieu que dans un pays où la terre abonde et où sa superficie est hors de proportion avec une population rare et pauvre, ou bien dans des localités qui ne peuvent admettre d'autre système, soit à cause de l'ingratitude du sol, soit à cause de l'impossibilité absolue d'y amener les engrais. La partie la plus âpre de la région des céréales de printemps présente les premières des deux conditions; les dernières se rencontrent dans quelques pays de montagnes, où les villages se trouvent perdus dans des vallées profondes, tandis que presque tous les champs en culture sont placés sur les hauteurs. Ici, l'établissement de villages et de hameaux au milieu de ces champs éloignés peut seul amener un état de choses plus prospère; ailleurs, il faudrait un accroissement de population.

§ 3. *Agriculture pastorale mixte, avec pâture régulière.*

Dans ce système les céréales et les herbages se succèdent d'une manière régulière, et on emploie indifféremment le pâturage et la stabulation, suivant les convenances des saisons et des localités. La position d'un domaine dans une localité plus peuplée et à climat plus doux, comme la région des céréales de printemps, quelquefois un climat plus humide, un sol léger, de grandes terres réunies, etc., déterminent l'adoption de ce système d'exploitation.

§ 4. *Agriculture céréale.*

La culture des céréales occupe dans ce système plus de la moitié de la surface des champs. Dans le système triennal, nous avons en grains les deux tiers des terres en culture; dans la culture à quatre soles, nous avons les trois quarts : le reste est de la jachère pure ou cultivée. Des prairies, des pâturages en dehors de la rotation sont toujours une nécessité. La région des céréales d'hiver, de beaucoup la plus étendue en Allemagne, est le domaine des exploitations à agriculture céréale, et ce système se rencontre encore dans la région des vignes.

§ 5. *Agriculture alterne.*

L'agriculture alterne ne demande, pour les céréales, que la moitié au plus des terres en culture. Avec ce système de culture, on peut se passer de prairies et de pâturages en dehors de la rotation; on trouve cette agriculture dans la région des céréales d'hiver et celle des vignes.

§ 6. *Agriculture libre.*

Dans ce système de culture, l'entrepreneur ne s'attache pas à une rotation de longue durée; il arrange et distribue ses champs et ses récoltes en vue du bénéfice le plus certain et le plus avantageux dans l'année même, tout au plus en deux années, en tâchant de prévoir et de suivre les variations du prix des denrées sur le marché. La culture jardinière proprement dite, la culture à la bêche, est de l'agriculture libre.

Nous parlerons de chacun de ces systèmes aux paragraphes qui les concernent : pour le moment, nous allons donner quelques explications sur les rapports de l'agriculture libre.

Il y a pour beaucoup de cultivateurs quelque chose d'attrayant de ne pas s'attacher à un système déterminé, bien qu'adopté par eux, mais de se réserver toujours une marche libre. Lorsqu'il ne s'agit que de pièces détachées, telles que des parcelles nouvellement acquises ou nouvellement défrichées, ou en dehors d'un domaine, qu'elles soient voisines ou éloignées, grandes ou petites, cette liberté ne présente aucun inconvénient grave, mais il y en a certainement à lui soumettre tout un domaine. Si l'on tient à une agriculture libre, il est nécessaire

1° Que le domaine ne soit pas trop grand, car,

dans ce cas, la surveillance de tous les détails, qui est ici d'autant plus indispensable que la marche des travaux ne se répète pas régulièrement, et que, par conséquent, les ouvriers sont facilement distraits, serait accompagnée d'une infinité de difficultés, sinon impossible ;

2° Que l'exposition soit favorable et le sol riche, de manière qu'on ait le choix entre un grand nombre de plantes à cultiver, et qu'une récolte manque rarement, alors même que les autres circonstances ne lui seraient pas entièrement favorables : les exploitations où les récoltes manquées sont rares sont les seules qui conviennent à l'agriculture libre, attendu qu'une mauvaise récolte est ordinairement suivie d'une autre mauvaise récolte ;

3° Qu'on ait les moyens nécessaires d'intervenir énergiquement par la main-d'œuvre, par le fumier ou l'argent, quand par hasard des manques fortuits se présentent : la réunion de ces circonstances favorables se trouve généralement dans des cantons bien peuplés et dans le voisinage de grandes villes ; aussi c'est là que nous voyons l'agriculture libre florissante ;

4° Que l'administrateur possède

A. Des connaissances très-étendues et beaucoup de circonspection;

B. Une aptitude particulière pour la comptabilité et pour les affaires;

C. Beaucoup de suite dans le caractère, point de préjugés, et l'autorité la plus étendue dans le commandement.

La première condition lui est indispensable pour maintenir l'harmonie sans règle fixe ; il lui faut la seconde pour profiter, au mieux possible, de toutes les circonstances heureuses offertes par le marché ; la troisième, enfin, lui est nécessaire pour ne pas se laisser dominer par des caprices ou des impressions momentanées, et éviter par là de porter préjudice à l'avenir par une jouissance anticipée. Ce système de culture peut élever le revenu d'un domaine plus haut que tout autre, parce qu'on y est à même de profiter de la variation des circonstances ; mais il peut, de même, dans l'état de fluctuation qui lui est propre, entraîner à des pertes plus considérables. Il suit de là que l'adoption de ce système convient moins à un administrateur étranger qu'au propriétaire lui-même, si ce dernier possède les qualités nécessaires. Nulle part, et presque en aucune circonstance, il ne doit être permis à un fermier.

Section deuxième.

DU CHOIX ET DE LA SUCCESSION DES PLANTES.

Pour donner à cette section des règles certaines, il faudrait, pour ainsi dire, v réunir toutes les connaissances de l'agriculture et de l'économie rurale ; car, pour être à l'abri de fautes, il serait nécessaire de se représenter et de balancer ensemble toutes les influences si diverses d'une exploitation agricole. Nous ne pourrions récapituler ici tant de détails, mais nous rappellerons les circonstances suivantes, qui exercent une influence marquée sur le choix et la combinaison des plantes dans une rotation.

1° *Le climat.* — Nos livres d'agriculture nous font connaître la série des plantes cultivées depuis les contrées les plus froides jusqu'aux contrées les plus chaudes. Nous ferons seulement remarquer ici que dans un climat humide et sur un sol léger on voit prospérer certaines plantes qui, autrement, demandent un sol plus compacte, comme le froment et le colza, par exemple.

2° *Le sol.* — Nous ne parlerons pas ici de toutes les espèces de sols, mais nous dirons aux agriculteurs commençants de porter une attention particulière sur l'aptitude d'un sol donné à produire des fourrages ; car c'est de cette circonstance que dépend principalement la fixation du système de culture et de l'assolement.

3° *L'épaisseur de la couche arable et la nature du sous-sol.* — Le sous-sol exerce une influence bien plus considérable qu'on se l'imagine communément.

4° *L'exposition.* — Il est nécessaire de bien connaître les plantes qui conviennent à une pente donnée selon ses diverses gradations et le point de l'horizon vers lequel elle est dirigée ; quelles plantes sont propres aux hauteurs, aux plaines ou pays plats ; lesquelles, aux terrains bas ou aux vallées ; enfin quelles plantes demandent de l'abri contre la force des vents. Dans une localité où les gelées printanières sont fréquentes, la culture du maïs, du mil et même du seigle d'hiver, en tant que sa floraison tombe dans cette saison, peut devenir chanceuse. D'autres plantes n'ont pas de réussite dans certaines localités, à cause de maladies particulières, telles que la nielle, la rouille, etc.

5° *L'homogénéité ou la diversité* du sol exerce une influence particulière sur la question s'il faut adopter un ou plusieurs assolements.

6° *L'état d'humidité du pays.* — Le chanvre, dans une certaine période de son développement, de même que les graminées, supportent, sans inconvénient, des inondations momentanées. C'est le tabac qui demande le plus d'abri contre l'humidité ; il ne se plait que sur un sol chaud et parfaitement sec. De l'humidité croupissante dans le sous-sol détruit beaucoup de végétaux, particulièrement la luzerne. Le millet s'accommode le mieux d'une très-grande sécheresse de la terre et de l'atmosphère. La terre se dessèche particulièrement sous le lin. Les plantes qui souffrent un sol devenu acide par suite d'humidité sont le sarrasin, l'avoine, la moutarde, et, jusqu'à un certain point, les vesces ; tandis que l'orge, le froment, les féveroles, les pois et les différentes espèces de trèfle ne supportent pas du tout le sol acide.

7° *L'état de fécondité des diverses parties et de l'ensemble du domaine.* — Il faut connaître le degré de fécondité accumulée dans le sol, qu'exige chaque plante pour sa croissance, et la richesse que laisse après elle la même plante, lorsqu'elle est récoltée.

Il faut, de plus, se rendre un compte exact de l'état de fécondité de tout le domaine, afin de décider

A. Si cette fécondité est encore trop faible et si elle doit être augmentée ;

B. Ou si elle est parfaitement convenable et s'il n'y a qu'à la maintenir ;

C. Ou, si le but a été dépassé, au seul avantage de la terre, et si, par suite, il ne convient pas d'adopter un assolement plus épuisant.

8° *La fumure dans ses rapports avec les plantes qui doivent lui succéder immédiatement.* — On observe

1° Que la fumure doit être convenablement répartie dans l'assolement à choisir, car ce ne sera qu'exceptionnellement qu'on pourra se passer d'engrais dans une série donnée d'années ;

2° Que les charrois du fumier puissent avoir lieu à plusieurs époques convenables de l'année ;

3° Qu'on ne doit fumer immédiatement que des plantes qui supportent le fumier frais : il y en a qui réussissent mieux sur une fumure ancienne, telles que le lin et les légumineuses à graines ; d'autres, et c'est le plus grand nombre, se trouvent bien après une fumure moyenne, tandis qu'elles versent ou souffrent après une fumure trop forte ; d'autres encore, telles que le maïs, la navette, le tabac, le chanvre, les choux pommés, les légumineuses fauchées en vert, et, en tant qu'il ne s'agit que de la quantité du produit, aussi les pommes de terre, se trouvent parfaitement d'une forte fumure ;

4° Que chaque plante reçoive telle espèce de fumier qui lui est parfaitement propre, car il est prouvé que, pour certaines plantes cultivées, le fumier de mouton et le parcage sont les plus convenables ; d'autres préfèrent les composts, les vases d'étang, le purin, la marne, la chaux.

9° *La culture et l'ameublissement du sol.* — Il faut distinguer ici trois choses différentes :

1° *L'état de culture et d'ameublissement ancien de la terre.* — L'orge prospère mieux quand le sol a été cultivé depuis plusieurs années. L'avoine, les pommes de terre, le millet, le lin, la navette, le colza donnent, au contraire, un bon produit dans un sol qui renferme beaucoup de débris végétaux non décomposés; on aime, par conséquent, à les cultiver sur défrichements. Les carottes, les pommes de terre, les trèfles, particulièrement les sainfoins, comportent un sous-sol nouvellement ramené à la surface. La plupart des céréales, par contre, en souffrent (1).

2° *La préparation immédiate du sol.* — Les plantes qui exigent qu'on ameublisse soigneusement la terre et qu'on la soumette aux influences de l'air avant la semaille sont le lin, le chanvre, le pavot et encore quelques plantes commerciales, tandis que l'avoine, le petit épeautre et quelques légumineuses s'accommodent d'une préparation plus rustique. Un ameublissement trop grand peut devenir nuisible au seigle; c'est pour cela qu'il vient souvent mal après des plantes sarclées et du millet. Au reste, la composition naturelle du sol a ici la plus grande influence; tel sol peut demander une préparation soignée, tel autre

(1) Dans nos défrichements de bruyères de l'ouest de la France, nous avons cultivé des froments, des seigles et des avoines sur un sous-sol nouvellement retourné, et les produits n'ont pas paru souffrir; ils sont plus beaux même que sur les anciennes terres. Le sarrasin vient aussi particulièrement bien en première récolte.

J. R.

une moindre, pour produire la même plante. Le plus complet ameublissement s'opère par la jachère ; c'est pourquoi on lui fait succéder les récoltes qui la payent le mieux, particulièrement les plantes oléagineuses et les céréales d'hiver.

3° *L'état d'ameublissement que produisent les plantes qui précèdent immédiatement.* — Quelques plantes laissent un sol meuble par suite des sarclages qu'on leur donne ; d'autres, comme les légumineuses et le colza, rendent naturellement le grain de terre friable, poreux. Par contre, la terre se raffermit après le lin et les céréales, plus avec les céréales d'hiver qu'avec celles d'été ; de même par le gazonnement, mais plus par le pâturage que par les prairies fauchables. Lorsqu'on adopte une rotation, toutes ces considérations sont à étudier.

10° *L'état de propreté du sol.* — Ce sont les céréales, quand plusieurs se succèdent, qui entraînent l'envahissement des mauvaises herbes. L'épeautre et le seigle de printemps, surtout, donnent naissance à beaucoup d'herbe. Des pois venus à maturité et des vesces de mauvaise venue, du trèfle sale donnent à la terre un aspect sauvage. Les topinambours, la chicorée, la navette d'été et la cameline, cette dernière quand une certaine quantité de graines tombent, peuvent devenir mauvaises herbes, en ce qu'il est difficile d'en débarrasser une terre où on les a cultivés sans les soins nécessaires. On obtient, au contraire, la propreté du sol par la culture des récoltes sarclées de tout genre, par celle du chanvre et du sarrasin, dont l'ombrage et l'état serré étouffent les mauvaises herbes. Le lin et le millet, que l'on sarcle généralement bien, contribuent à la propreté de la terre, de même que les plantes légumineuses fauchées en vert, parce que, dans ce cas, beaucoup de mauvaises herbes sont coupées avant la maturité des graines.

11° *L'espace de temps que les plantes occupent le sol depuis leur semis ou leur plantation jusqu'à leur récolte, et l'époque de ces semis et de ces récoltes.* — C'est ainsi que l'on trouve une bonne préparation pour les semailles d'automne, et nommément pour les blés d'hiver, après les productions qui, en été, débarrassent la terre de bonne heure; tels sont les navette et colza d'hiver, les vesces fauchées en vert, l'orge d'hiver, le trèfle et les pâturages rompus à temps convenable. Les betteraves semées en place se comportent, à cet égard, tout autrement que celles que l'on transplante; il en est de même du colza semé ou transplanté.

12° *La sympathie des différentes plantes cultivées.* — 1° *Pour elles-mêmes.* — Celles qui peuvent revenir plusieurs années de suite sur le même champ sont le chanvre, les choux pommés, les betteraves, le tabac, les topinambours; et, dans de certaines conditions, les pommes de terre, le seigle, l'avoine, le sarrasin. Le trèfle, le lin, les pois ne le peuvent qu'à de longs intervalles, de six, de neuf et de douze ans. Quant à la luzerne et au sainfoin, on suppose qu'ils demandent, pour revenir sur le même sol, un temps égal à celui pendant lequel ils ont occupé le terrain.

2° *La sympathie des plantes cultivées entre elles.* — A quelques exceptions près, les plantes sarclées sont de mauvais antécédents pour les céréales d'hiver et de très-bons pour les céréales de printemps; cette place est donc la meilleure pour ces dernières. On obtient, du reste, aussi de bonnes récoltes de céréales de printemps après des céréales d'hiver, quand ces dernières ont été vigoureuses. Après des légumineuses de belle venue, on peut compter sur de belles récoltes de céréales d'hiver; il en est de même après des récoltes oléagineuses d'hiver. Après un trèfle propre et bien venu, presque tout vient supérieurement; l'orge seule n'aime pas à lui succéder, quand même on y aurait intercalé une autre récolte. Cependant certaines localités présentent des particularités si extraordinaires dans ce vaste champ d'expériences, que, dans l'exposé d'un assolement, il faut toujours s'informer de quelle manière les choses se comportent dans les localtiés dont il est fait mention.

13° *L'étendue du domaine.* — Sur de petites

propriétés, il peut être avantageux d'employer
beaucoup de bras; on choisit alors, de préférence,
des plantes qui réclament une forte main-d'œuvre
et qui la payent. La culture des racines, du lin,
du tabac, de la garance, des cardères, du chanvre, etc., est donc là tout à fait à sa place. Sur
de vastes domaines, il convient généralement de
simplifier les rouages; et, dans ce but, on préfé-
rera la culture des céréales et des fourrages. Le
colza et la navette peuvent aussi encore se cultiver en grand. Par l'introduction des instruments
perfectionnés, on a rendu possible la culture des
pommes de terre et des betteraves sur de grands
domaines. Cependant il faut admettre, en thèse
générale, que les plantes qui demandent beaucoup
de main-d'œuvre ne soient cultivées qu'en petit,
ou bien, si l'on veut absolument leur faire occuper
des soles entières d'un grand domaine, il faut qu'il
soit dans une position toute particulière. La culture du lin et du chanvre, par exemple, devient
possible en grand, lorsque l'entrepreneur trouve
à vendre ces plantes sur place avant la récolte. Le
lin se vend quelquefois ainsi avant le sarclage. Il
en est de même de la culture du tabac, lorsqu'on
trouve à faire un traité avec des ouvriers qui se
chargent de tous les travaux de main-d'œuvre
contre la remise d'une portion du produit brut.

14° *L'état d'arrondissement ou de morcellement*

du domaine. — Le morcellement peut forcer un cultivateur à suivre, en tout ou en partie, la culture des voisins ; il peut exclure le système pastoral.

15° *L'éloignement des champs.* — Il est sage quelquefois d'adopter sur des terres éloignées un tout autre assolement que sur celles qui sont proches. Sur les premières, on suit alors généralement le système pastoral ; et, pour éviter les charrois coûteux, on fume par le parcage ou avec des récoltes enterrées en vert. Une jachère pure se justifie parfaitement ici ; tandis que les plantes qui réclament beaucoup de main-d'œuvre, telles que les récoltes sarclées et la plupart des plantes commerciales, viendront se placer de préférence dans la rotation des champs rapprochés du **centre** de l'exploitation.

16° *Les droits d'usage du domaine.* — La perception de la dîme en nature sur des champs appartenant à d'autres propriétaires, des apports en paille, des droits de parcours sur une autre propriété peuvent exercer une influence marquée sur le choix d'un assolement ; il en est de même des droits de corvée et autres.

17° *Les charges et servitudes.* — La dîme, des obligations de partage, un parcours de troupeaux étrangers, la vaine pâture peuvent obliger un cultivateur de se tenir entièrement dans les coutumes du pays, ou, du moins, de ne se permettre que des écarts qui ne le mettent pas en contradiction avec ses obligations.

18° *La composition du domaine, ou les rapports mutuels entre ses différentes parties*. — Lorsqu'un domaine possède beaucoup de prés et de pâtures, il peut être superflu de cultiver des fourrages en champs, et on peut se livrer à la culture des plantes commerciales. La possession de forêts, fournissant du pâturage et des litières, entraîne quelquefois d'importants changements dans un assolement. Il en est d'autres qui sont la suite de la culture des arbres fruitiers ou des vignes, avec leurs exigences de fumier. Une seule industrie agricole, avec la plante qu'elle emploie, doit aussi exercer une influence marquée dans le choix de toutes les autres plantes. Enfin il faut mettre en ligne de compte certaines ressources particulières, telles que marnières situées soit sur la propriété, soit dans le voisinage ; des carrières de pierres à chaux ou à plâtre ; la possibilité de se procurer du fumier du dehors, etc., etc.

19° *Le mode de culture antérieur*. — Quels que soient les avantages que promet un système de culture nouveau, le passage d'un système à l'autre demande toujours des sacrifices, souvent même des sacrifices considérables ; il y a donc lieu d'examiner si ces sacrifices seront couverts par le bénéfice à venir qu'on espère.

20° *Le bétail, son entretien et sa multiplication.*
— Il y a d'abord ici la grande question, si on pré-
férera la stabulation ou le pâturage ; puis , si l'on
aura du bétail à cornes ou des bêtes à laine. On
conçoit que chacune de ces questions a son importance dans le choix d'un assolement. Nous dirons
même que des questions moindres ont souvent
une aussi haute influence : ainsi on raisonnera
bien s'il convient d'avoir des brebis portières ou
des bêtes de boucherie ; si pour bêtes de trait on
aura des chevaux ou des bœufs, etc.

21° *La main-d'œuvre que le voisinage et le domaine lui-même mettent à la disposition de l'entrepreneur.* — Il faut consulter le prix des journées,
la facilité de trouver des entrepreneurs de travaux,
l'activité, l'habileté, l'honnêteté de la population ;
il faut tout particulièrement s'attacher à ce que,
dans le système de culture que l'on veut adopter,
les travaux se répartissent uniformément pendant
toute l'année, et éviter qu'une masse de cultures et
de récoltes ne tombe sur une seule et courte période.

22° *Les relations commerciales du domaine et
de ses environs.*

23° *L'entrepreneur de culture.* — Son activité,
son intelligence ; les capitaux qu'il a à sa disposition , parce que certaines cultures demandent de
bien plus grandes avances que d'autres.

24° *La position de l'entrepreneur*. — L'entrepreneur est propriétaire, fermier ou régisseur.
S'il est propriétaire, il peut entreprendre bien des
choses qui sont interdites aux deux autres, ou qu'il
est peu prudent pour eux d'exécuter. On impose
souvent son assolement au fermier. Quand le bail
est court, le fermier ne peut pas, quand même il
le voudrait, s'écarter du *statu quo* : ses intérêts s'y
opposent. Le régisseur est souvent plus libre dans
son choix que le fermier ; mais il a plus de responsabilité.

Section troisième.

DES ASSOLEMENTS LE PLUS FRÉQUEMMENT USITÉS.

Il n'y a que trois systèmes d'assolements qui
admettent un ordre successif de plants ; dans les
autres, on ne trouve point d'alternance, ou cette
alternance est entièrement arbitraire. Ces trois
systèmes sont le système triennal ou à céréales,
le système alterne et le système pastoral. Ils ont
tous trois une marche déterminée, et sont généralement répandus. C'est à l'un ou à l'autre de ces
assolements qu'on peut rapporter presque tous les
autres. Nous parlerons, autre part, des systèmes
qui ne répondent à aucune de ces classifications.
Il y a, d'ailleurs, des assolements qu'on ne sait
comment classer, et pour lesquels on se demande

s'il faut les rattacher au système des céréales, ou au système alterne, ou au système pastoral. Il en est surtout ainsi pour les assolements qui servent de transition d'un système à l'autre ; mais cela ne nuit qu'à l'exposé systématique d'un livre ou d'un cours, et n'apporte dans la pratique aucun inconvénient, car les circonstances locales ne se prononcent pas toujours d'une manière déterminée pour tel ou tel système, à l'exclusion de tel autre. Il arrive même assez souvent que l'entrepreneur de culture trouve avantageux de suivre un juste milieu entre deux systèmes. Cela se voit non-seulement dans des exploitations privées, mais dans des pays entiers, où les cultivateurs passent aujourd'hui du système triennal à l'assolement alterne. Il n'existe aucun assolement qui mérite partout la préférence ; et souvent une rotation, défectueuse en apparence, se montre, après un examen plus attentif, solidement fondée sur les circonstances et les besoins locaux. Aussi connaissons-nous tel assolement qui serait mauvais, considéré isolément ou appliqué à tout un domaine, et qui devient parfaitement convenable étant associé à d'autres assolements, dont le concours facilite la marche de l'entreprise.

A. — AGRICULTURE CÉRÉALE.

Ce système se distingue par la culture prédominante des céréales ; il comporte plusieurs divisions.

§ 1. *Système triennal.*

Plus de la moitié, et souvent les deux tiers du sol arable, sont ensemencés en céréales. Ce système se manifeste sous plusieurs formes diverses.

1. Système triennal pur.

Un tiers des terres est en jachère pure, et la succession des cultures se fait comme il suit :

Première année, jachère pure ;
Deuxième année, céréale d'hiver ;
Troisième année, céréale de printemps.

On ne fait point de fourrages sur la terre arable. La fumure ne peut se renouveler que rarement à la troisième année ; ordinairement, qu'à la sixième ou à la neuvième. Quand on veut cultiver des plantes légumineuses, on les place dans la sole d'été. Lorsque cet assolement fut introduit en Allemagne, il convenait, sous tous les rapports, aux besoins de l'époque. Les céréales alors étaient pour la population la première des nécessités, pour elles seules on soumettait une portion des terres à la charrue, on avait pour les bestiaux des prés et des pâtures en abondance; les pommes de terre, le maïs, le trèfle n'étaient pas encore connus, pas plus que la navette, le tabac et une foule d'autres plantes commerciales. Pour le chanvre et le lin, il se trouvait bien encore çà et là quelque coin de terre riche et favorable. Tout cela est changé maintenant. Dans la plupart des localités, le système triennal pur tombe de plus en plus en désuétude. On trouve déraisonnable de laisser un tiers des terres sans productions et d'être obligé de conserver pour le bétail une grande étendue de prés et de pâtures qui, fréquemment, seraient susceptibles d'être utilisés plus avantageusement d'une autre façon. On trouve cependant que le bétail ne prospère pas sans un supplément de grains, ce qui, avec un besoin de semence déjà considérable, diminue la portion vendable des produits. On dit enfin que les prés aussi demandent, la plupart du temps, du fumier; que beaucoup de fumier se trouvant perdu sur les pâturages, les terres arables en reçoivent trop peu, ce qui diminue leur produit. Néanmoins le système triennal pur existe encore çà et là, et particulièrement dans des contrées où, par suite de printemps tardifs et de la nécessité d'opérer les semailles d'automne de très-bonne heure, les racines et autres récoltes sarclées, ou ne prospèrent pas du tout, ou prospèrent seulement au préjudice de la principale récolte. Les terres très-compactes se trouvent bien aussi, dans la plupart des cas, du système triennal avec jachère pure ; la jachère leur est presque toujours indispensable, et les plantes sarclées y viennent mal. Ce système s'applique encore dans les localités où les terres ont peu de valeur et où il y a peu de bras, peu de capitaux disponibles ; dans les exploitations où il n'y a d'autres fourrages que les prés et les pâturages, et où le cultivateur se livre uniquement à la culture des céréales ; dans tous les lieux enfin où de nombreuses circonstances, comme le parcours de troupeaux étrangers ou la vaine pâture, rendent toute modification impossible. Le système triennal pur peut donc se justifier fréquemment par les circonstances.

2. Système triennal perfectionné.

La jachère pure, la troisième année, n'est plus ici la règle ; elle a bien encore lieu quelquefois à différents intervalles, mais souvent elle n'existe pas du tout. Nous avons à distinguer ici plusieurs catégories. Nous remarquerons d'abord celle où l'on cultive des plantes fourragères sur une portion de la sole de jachère ; la moitié, les deux tiers ou les trois quarts : de cette manière, il peut se former des assolements de six, neuf ou douze années. Un assolement de six ans, sur un sol moyen substantiel, serait :

1° Jachère fumée,
2° Seigle d'hiver,
3° Orge,
4° Trèfle,
5° Froment d'hiver,
6° Avoine ;

Un assolement de neuf ans produirait encore en sus :

7° Légumineuses fumées,
8° Seigle d'hiver,
9° Avoine.

L'assolement de neuf ans est à préférer là où, la sixième année, la réussite du trèfle serait peu assurée. On peut laisser venir à graines une partie des légumineuses, et donner l'autre en vert ; ce dernier cas, pratiqué sur une vaste échelle, est surtout prudent dans une année de sécheresse. La conservation de la jachère pure sur une portion de la sole à jachère présente plusieurs avantages. Chaque année, on la trouve ainsi sur la sixième, neuvième ou douzième partie des terres en culture, et on a occasion de nettoyer parfaitement des terres quelque peu infectées de mauvaises herbes, d'aplanir des inégalités, d'amener de la marne, de la vase d'étang, etc. On occupe les attelages sur cette partie des terres, dans tous les temps où les autres champs n'admettent point de façon. Dans une saison de disette, les moutons trouvent là un peu de pâture, et on peut y établir le parc, qui peut-être ne trouverait point de meilleure place. Bref, ce procédé est, dans certaines conditions, parfaitement raisonné.

La deuxième catégorie est celle dans laquelle la jachère pure disparaît entièrement pour être remplacée par des plantes fourragères. Le premier des exemples suivants convient à un sol léger, mais toujours encore susceptible de produire du trèfle; l'autre à un sol riche, compacte.

1° Pommes de terre fumées,	1° Fèves fumées,
2° Seigle d'hiver,	2° Froment d'hiver,
3° Orge,	3° Orge,
4° Trèfle,	4° Trèfle,
5° Seigle d'hiver,	5° Froment d'hiver,
6° Avoine.	6° Avoine.

Ces assolements aussi s'étendent souvent à neuf, douze, quinze ans; et, outre les plantes à jachère mentionnées, on rencontre encore des navets blancs, des betteraves, des choux, du sarrasin, du maïs. Une certaine addition de prés, ou la possession de pièces de luzerne ou de sainfoin, pour produire la quantité nécessaire de fourrage et de fumier, sont, avec ces assolements, sinon

toujours, du moins la plupart du temps, nécessaires. Le trèfle, sur un sol qui lui convient parfaitement, et une autre sole de plantes fourragères,
sont quelquefois à même de suffire aux besoins,
d'autant plus facilement que l'abondance de paille
qu'on y produit ajoute, à son tour, sensiblement
aux fourrages.

Comme appartenant à la troisième catégorie,
nous devons mentionner les cas où, en place de
la jachère pure, on cultive des plantes de commerce à côté des plantes fourragères, ou même
exclusivement des plantes de commerce lorsque la
terre est rebelle au trèfle.

1. Tabac fumé,	1. Chanvre fu- mé,	1. Pavots fu- més,	1. Pommes de terre fumées,
2. Froment,	2. Froment,	2. Épeautre,	2. Épeautre,
3. Orge.	3. Orge.	3. Orge,	3. Orge,
		4. Trèfle,	4. Navette ou colza fumés,
		5. Épeautre,	5. Épeautre,
		6. Avoine.	6. Orge,
			7. Trèfle,
			8. Froment,
			9. Avoine.

Dans le dernier exemple, le colza, semé à la
volée, succède à l'orge; mais, comme il y a entre
ces deux récoltes fort peu de temps pour préparer
et fumer le sol, la réussite du colza devient, par
ce fait, chanceuse, ou, du moins, son produit est

diminué : il vaut donc mieux que, dans cette succession, il soit planté que semé. La culture étendue des plantes commerciales, à côté de la forte production de céréales, exige, bien entendu, d'une manière plus absolue et en plus grande masse, des champs de fourrages en dehors de l'assolement, que cela n'est nécessaire dans les successions de cultures que nous avons vues.

Les trois catégories suivent strictement les règles du système triennal, en ce que la récolte d'hiver, de printemps et la jachère occupent constamment leur place; mais on peut y appliquer encore d'autres modifications, en tant que l'assolement des voisins et les droits d'usage étrangers ne s'y opposent pas.

La quatrième catégorie comprend des assolements dans lesquels les céréales d'automne et de printemps sont déplacées, et où il n'y a pas tout à fait les deux tiers des terres ensemencées en céréales, mais cependant encore plus de la moitié.

1. Jachère fumée,	1. Jachère fumée,
2. Colza,	2. Colza,
3. Froment d'automne,	3. Orge d'hiver,
4. Trèfle,	4. Trèfle,
5. Épeautre,	5. Épeautre,
6. Avoine,	6. Pois et vesces,
7. Plantes sarclées ou vesces fumées,	7. Pommes de terre fumées,
8. Épeautre,	8. Épeautre,
9. Orge.	9. Avoine.

Ces deux assolements sont ceux de grands domaines non arrondis. Ce mouvement libre dans la
forme du système triennal, se rapprochant beaucoup du système alterne, est appliqué dans des
pays entiers, et on trouve les exemples suivants
dans un canton où les assolements sont mélangés.

NOM DE LA SOLE.

Jachère,	1. Jachère cultivée,	1. Jachère cultivée,	1. Jachère cultivée,
Céréale d'automne,	2. Céréale d'automne,	2. Céréale d'automne,	2. Céréale d'automne,
Céréale de printemps,	3. Trèfle,	3. Pommes de terre, lin,	3. Jachère nue,
Jachère,	4. Trèfle,	4. Jachère pure ou lé-gumineuses en vert,	4. Colza,
Céréale d'automne,	5. Céréale d'automne,	5. Céréale d'automne,	5. Céréale d'automne,
Céréale de printemps.	6. Céréale de prin-temps.	6. Céréale de prin-temps.	6. Céréale de prin-temps.

Ces assolements n'ont que trois sixièmes de céréales venant à graines, ils appartiendraient donc
au système alterne s'ils étaient terminés à la
sixième année; mais, comme souvent on les fait
suivre, à la septième année, d'une récolte-jachère,
à la huitième d'une céréale d'automne, à la neuvième d'une céréale de printemps, on a donc, en
neuf ans, cinq récoltes céréales : de cette manière, ils ont dépassé les limites du système alterne, et ils appartiennent réellement au système
triennal.

La cinquième catégorie comprend l'assolement
triennal avec des récoltes dérobées, ce qui repré-

sente encore une fois la chose sous un nouvel aspect.

Exemple.

1° Jachère cultivée ;

2° Céréale d'automne, puis navets en récolte dérobée, spergule, sarrasin en vert ;

3° Céréale de printemps ;

4° Trèfle ;

5° Céréale d'hiver, puis navets en récolte dérobée ;

6° Céréale de printemps.

En calculant d'après les années, on a **quatre sixièmes** de céréales, et, d'après les récoltes, **quatre huitièmes**, et il y a toujours entre deux céréales une plante fourragère intercalée ; au reste, on appelle cela partout système triennal. Dans des contrées tempérées, sur un sol substantiel, de tels assolements sont fréquents, et souvent même on n'y a pas besoin du tout de champs de fourrages en dehors de l'assolement.

La sixième catégorie consiste à cultiver deux tiers en céréales, mais de manière que deux céréales d'hiver se succèdent immédiatement, ou bien encore deux céréales de printemps, ou à assigner à la céréale d'été la place avant la céréale d'hiver. De cette manière, on a toujours un système

triennal de céréales , bien qu'on n'ait pas un assolement triennal proprement dit. Exemple :

1. Jachère fumée ,	1. Jachère fumée ,	1. Pommes de terre fumées ,
2. Seigle d'hiver,	2. Céréale d'hiver,	2. Orge de printemps,
3. Épeautre d'hiver,	3. Avoine ,	3. Céréale d'hiver,
4. Trèfle ,	4. Trèfle ,	4. Betteraves fumées,
5. Épeautre d'hiver,	5. Avoine ,	5. Orge de printemps,
6. Avoine.	6. Avoine.	6. Céréale d'hiver.

Dans les endroits où l'on suit ces derniers assolements, il y est joint une grande addition de prairies ; là, la céréale d'hiver est plus assurée après
l'orge de printemps qu'après des racines. On a
ensuite des motifs particuliers de tenir beaucoup à
la réussite de l'orge.

Il résulte de ces exemples qu'il est très-difficile
de porter un jugement général sur le système
triennal perfectionné, sans rencontrer certains assolements auxquels on puisse reprocher de s'é-
carter des principes. Si l'on compare le système
triennal perfectionné à l'assolement alterne , on
trouve qu'il donne plus de grains et plus de paille,
et cela peut être très-avantageux pour maintes
localités : si on le compare, sous le même rapport,
au système triennal pur, on trouve souvent moins
de grains et de paille, attendu que, après une
jachère pure, le grain est plus propre, plus lourd,
et le produit plus abondant, qu'après une jachère

cultivée, surtout après une récolte de racines. Mais, si cette explication a quelque chose de fondé en n'accordant que les mêmes fumures au système triennal perfectionné, un examen plus attentif démontrera que ce système produit, la plupart du temps, du fumier en plus grande abondance que le système triennal pur, et que, par suite, la prétendue diminution de la céréale devient fort problématique. Il y a certainement des terres où la céréale d'hiver, après une récolte sarclée, n'éprouve pas de diminution, où elle fournit même, au contraire, des produits plus beaux qu'après une jachère pure : ce sont des terres excessivement riches, où le froment a l'habitude de verser après une jachère fumée, tandis que, si on le fait précéder d'une récolte épuisante, cet inconvénient est évité. Un autre reproche qu'on fait au système triennal perfectionné, c'est qu'après deux céréales le trèfle ne vient pas aussi beau ni aussi propre qu'après une seule ; de sorte, dit-on, que le trèfle du système triennal le cède beaucoup au trèfle de l'assolement alterne. Cela est juste très-fréquemment ; mais les exemples de la quatrième catégorie indiquent comment on peut éviter cet inconvénient en semant le trèfle dans la céréale d'hiver, et les exemples de la cinquième catégorie nous indiquent aussi comment la culture des navets en récoltes dérobées et sarclées, dans la sole d'hiver, peut s'intercaler entre les deux céréales ; il est vrai que le système triennal perfectionné trouve sa véritable place dans toutes les localités où le trèfle, après la deuxième céréale, vient aussi propre et aussi vigoureux qu'après une seule.

Le reproche que la jachère pure n'est pas entièrement rejetée peut même parler en faveur du système, ainsi que nous l'avons déjà dit en parlant de la première catégorie. Au reste, dans les assolements alternes même, on admet quelquefois une jachère pure (1).

Quant au blâme qu'on ne peut se passer de prés, il est fondé dans la plupart des cas, mais cependant pas toujours. On sait que certains assole-

(1) La jachère n'est pas seulement proscrite en Allemagne, on lui en veut aussi en France, et souvent bien à tort. Un propriétaire, mécontent des jachères de ses fermiers, m'écrivit un jour pour me demander d'autres fermiers et les moyens d'abolir ces malheureuses jachères, qui laissent un tiers des terres inculte. Je lui demandai de m'expliquer le système de culture suivi par ses fermiers. Voici ce système :

Première année, jachère pure fumée et fortement chaulée ;
Deuxième année, froment d'hiver ;
Troisième année, trèfle avec cendres.

Ce système est suivi depuis une vingtaine d'années, et toujours le trèfle est beau, et le froment est propre et abondant. Les fermiers font nécessairement d'excellentes affaires. Je ne me sentis pas le courage de rien changer à une aussi heureuse exception, et j'engageai le propriétaire à ne rien *perfectionner* aussi longtemps que les trèfles seraient beaux. Dans un cas semblable, il y aurait certainement perte à abolir la jachère. J. R.

ments alternes peuvent aussi en avoir besoin. Le
système triennal perfectionné peut se prêter à des
combinaisons variées, et il faut reconnaître que
c'est principalement à ce système que nous devons
l'adoption en grand de la stabulation. On lui reproche encore d'entraîner inévitablement la division des champs en trois soles, division qui permet bien de partager de nouveau en six, neuf,
douze portions, mais non en quatre, cinq, huit.
Cela est gênant, il est vrai, et c'est le motif réel et
unique qui maintient le système dans certaines
localités; mais il y a souvent aussi de plus grands
obstacles à des changements : ces obstacles sont
le morcellement de la propriété, les servitudes, etc.

§ 2. Système granifère quadriennal.

Trois quarts des terres labourables sont con-
sacrées à la production des grains, ainsi qu'on le
verra dans les exemples suivants :

1. Jachère pure,	1. Pommes de terre,	1. Lin,	1. Chanvre,
2. Céréale d'hiver,	2. Orge,	2. Épeautre,	2. Seigle,
3. Céréale de prin- temps,	3. Seigle,	3. Seigle,	3. Avoine,
4. Céréale de prin- temps et plantes légumineuses à graines.	4. Avoine.	4. Avoine.	4. Sarrasin.

Les deux derniers assolements ne se rencontrent,
d'après les dires de Schwerz, que dans des ex-

ploitations très-petites. On ne peut adopter, dans une grande exploitation, l'assolement à céréales quadriennal qu'autant que le sol soit plus riche, et que l'on puisse se procurer du dehors des fourrages et des fumiers en plus grande abondance que dans la plupart des exploitations soumises au système triennal; en outre, ces assolements infestent le sol de mauvaises herbes, l'épuisent, et ne donnent souvent, malgré qu'on ait beaucoup semé, qu'un plus faible rendement en grains que dans le système triennal : la dernière récolte surtout sera chétive.

§ 3. *Système granifère à cinq soles.*

On entend par là un système qui, sur cinq années, produit du grain quatre fois avec une seule fumure : malheureusement, de telles conditions imposées au sol sont si dures, que celui-ci ne peut y répondre que dans des cas tout à fait exceptionnels. Exemples :

1. Jachère fumée,	1. Jachère fumée,
2. Céréale d'automne,	2. Céréale d'automne,
3. Céréale de printemps,	3. Pois,
4. Plantes légumineuses,	4. Céréale d'automne,
5. Céréale de printemps.	5. Céréale de printemps.

La rotation suivante, dans laquelle le colza est mis à la place d'une céréale, est cependant toujours très-épuisante.

1. Jachère,   4. Orge,
2. Colza,   5. Avoine.
3. Céréale d'hiver ,

On rattache encore au système granifère quadriennal des rotations dans lesquelles les trois cin-
quièmes des terres seulement sont en grains, et
qui renferment même une plante améliorante.

1. Jachère fumée ,   4. Céréale d'automne,
2. Seigle ,   5. Avoine.
3. Trèfle ,

Les assolements de ce genre se rapprochent
beaucoup des assolements alternes, et on pourrait
presque les confondre.

§ 4. Système granifère intensif.

Par une culture jardinière et des fumures sans
cesse renouvelées, on peut aller plus loin et produire des céréales en plus grand nombre, encore
que par les assolements mentionnés jusqu'ici. Dans
les Pays-Bas, dans un sol sablonneux fécond, et
à la fumure duquel on ajoute une abondante addition de gazon de bruyère, on cultive, par exemple,

1. Spergule coupée en vert, ou   1. Sarrasin fumé,
   pour être séchée et pour
   graines ,
2. Seigle fumé , spergule en ré- 2. Seigle fumé ,
   colte dérobée ,
3. Seigle fumé , navets en ré-   3. Seigle fumé ,
   colte dérobée ,

4. Seigle fumé, spergule en récolte dérobée,	4. Seigle fumé,
5. Seigle fumé,	5. Pommes de terre fumées,
6. Sarrasin fumé.	6. Seigle fumé,
	7. Seigle fumé.

Dans la vallée du Necker, auprès de Tubingen, et sur un des meilleurs sols de cette contrée, on cultive des céréales cinq à huit années de suite, en alternant l'épeautre avec l'orge; ou bien on fait trois années de suite de l'épeautre et ensuite trois années consécutives de l'orge, jusqu'à ce que, les mauvaises herbes prenant le dessus, on se voit forcé de nettoyer la terre par des plantes sarclées.

B. — AGRICULTURE ALTERNE.

L'assolement alterne est, dans l'acception rigoureuse du mot, celui dans lequel il n'existe aucune jachère pure, et où l'on place toujours entre deux céréales une autre récolte, une récolte fourragère, une récolte sarclée ou commerciale, et dans lequel, par suite, deux céréales ne peuvent pas se succéder immédiatement. Mais, en donnant un peu plus d'extension au mot, on admet dans cet assolement une jachère pure, ainsi que la succession immédiate de deux céréales. La première se rencontre quelquefois sur un sol très-compacte; d'autres fois, on s'en sert dans le but de bien préparer la terre pour du colza. On trouve assez fréquemment la succession immédiate de deux céréales à la fin d'un assolement, ou bien encore quand plusieurs récoltes de fourrages se sont immédiatement succédé; seulement il faut que, en définitive, les céréales n'occupent pas plus de la moitié des terres. Il s'ensuit que ce système fait supposer d'abord deux soles, une en céréales, l'autre sans céréales; et on trouve effectivement que la terre arable n'est ordinairement disposée qu'en deux soles dans les localités où tous les cultivateurs suivent le système alterne. Bientôt, il est vrai, le besoin de varier plus fréquemment la culture se fait sentir, et nous trouvons non-seulement plusieurs années d'intervalle entre deux cultures de céréales, de trèfle, de pois, mais même un nombre de soles tout à fait arbitraire.

Le système alterne ayant surtout pour base la production des fourrages, la première question à poser dans l'adoption d'une rotation alterne est celle de savoir si l'on adoptera des plantes fourragères pérennes, qui occupent la terre pendant plusieurs années consécutives, telles que la luzerne ou le sainfoin, ou bien si on ne fera que du trèfle de deux ans, l'année de semaille non comprise, et même que du trèfle d'un an.

On verra ensuite s'il convient de maintenir la rotation dans sa simplicité, ou si, à côté de la

culture des fourrages, on se livrera à la culture
des plantes commerciales, et enfin si en dehors
de l'assolement il faudra, ou non, une étendue
donnée de prairies permanentes.

§ 1. *Assolements alternes sans plantes fourragères
vivaces.*

1. Assolements alternes purs sans plantes fourragères vivaces et
sans plantes commerciales.

La rotation la plus connue de cette division,
l'assolement quadriennal, qui se trouve dans une
petite partie du comté de Norfolk, dans un sol
consistant, et, en outre, sur la Moselle, depuis les
temps les plus reculés, est ainsi conçue :

1. Navets fumés,	3. Trèfle,
2. Orge,	4. Froment.

Dans d'autres contrées, il ne serait pas prudent
de semer le quart des terres en navets. En général, les circonstances demandent souvent un jeu
plus libre dans le choix des plantes. Ainsi on
trouve comme variantes les rotations qui suivent :

1. Plantes sarclées quelconques, pommes de
terre, betteraves, féveroles, etc., fumées,

2. Céréales de printemps quelconques,

3. Trèfle,

4. Céréales d'hiver de diverses espèces.

Cette belle rotation, tant vantée, comporte cependant plusieurs observations : 1° le trèfle ne réussit pas facilement d'une manière soutenue tous les quatre ans ; 2° quand il manque, ou quand, à l'époque où il doit être retourné, il arrive un temps fort sec qui durcit considérablement le sol, la réussite de la céréale d'hiver, à son tour, devient douteuse, et il n'est, par conséquent, pas prudent de faire succéder toutes les céréales d'hiver d'un domaine à du trèfle ; 3° la récolte de paille, déjà faible, s'abaisse en ce cas tellement, qu'il en résulte, surtout dans des exploitations à stabulation permanente, un manque bien sensible de cette matière si importante ; 4° la forte culture de plantes sarclées, tout en nettoyant la terre, ne convient à une exploitation qu'exceptionnellement, pour fournir à l'alimentation du bétail : il en est autrement, à la vérité, lorsque les plantes sarclées sont destinées à la vente ou à l'industrie, et alors la rotation doit être envisagée sous un point de vue un peu différent.

C'est pour ces quatre motifs que la rotation de Norfolk n'a pas pu se soutenir à la longue, sur un bon nombre de domaines où on l'avait introduite exclusivement, et on s'est vu obligé de former quelques soles de plus pour parer à ses inconvénients.

Des rotations de cette nature sont les assolements à six, sept et huit soles suivants.

A six soles.

1. Plantes sarclées fumées,
2. Orge,
3. Trèfle,
4. Céréale d'automne,
5. Plantes à cosses fumées,
6. Céréale d'hiver.

Au besoin, les plantes à cosses de la cinquième année sont fauchées en vert; autrement aussi, on les laisse venir en partie à graines.

A sept soles.

1. Plantes sarclées fumées,
2. Orge,
3. Trèfle,
4. Trèfle,
5. Céréale d'automne,
6. Plantes à cosses,
7. Céréale d'automne.

A huit soles.

1. Plantes sarclées fumées,
2. Orge,
3. Trèfle,
4. Céréale d'automne,
5. Pois, fèves fumés,
6. Céréale d'automne,
7. Vesces en vert,
8. Avoine.

1. Plantes sarclées fumées,
2. Orge,
3. Trèfle,
4. Avoine,
5. Pois fumés,
6. Seigle,
7. Vesces,
8. Seigle.

Ces assolements de plus de quatre soles, de même que beaucoup de semblables, se distinguent surtout par la succession des plantes, dans un ordre tel que chacune supplée, pour ainsi dire, à l'autre et lui prépare la terre.

La culture des fourrages est ici sur une vaste échelle. Avec ces rotations, on peut presque toujours se passer de prés lorsqu'on ne vend point les plantes sarclées et lorsqu'on ne les emploie pas dans des industries agricoles qui excluent leur emploi comme fourrage, lorsque la majeure partie des plantes à cosses est fauchée en vert, lorsque enfin le trèfle est sur le terrain qui lui convient et qu'il donne des récoltes abondantes. Par contre, il peut survenir quelque pénurie de paille, dès que la quatrième, cinquième, ou encore la sixième partie des terres en labour est ensemencée en plantes sarclées, telles qu'elles forment la plus grande partie du fourrage d'hiver et qu'elles exigent beaucoup de litière, et si la terre n'est pas très-propre à la production de la paille. Ce dernier point surtout sera déterminant. Cependant on ne manquera pas de litière, si les animaux de vente sont surtout des bêtes à laine.

2. Assolements alternes moins purs, sans plantes fourragères vivaces et sans plantes commerciales.

Sur des domaines à soles compactes, on juge quelquefois nécessaire de faire à de longs intervalles une jachère nue et d'adopter, par exemple, les assolements suivants :

1. Jachère fumée,
2. Froment,
3. Trèfle,
4. Avoine,
5. Fèves fumées,
6. Froment.

Outre la jachère pure, l'assolement suivant, à deux céréales consécutives, forme une contravention à la règle rigoureuse.

1. Plantes sarclées fumées ,	5. Céréale d'automne ,
2. Céréale de printemps,	6. Plantes à cosses fumées ,
3. Trèfle ,	7. Céréale d'automne ,
4. Trèfle ,	8. Céréale de printemps.

Enfin l'une et l'autre de ces deux modifications de la règle sévère peuvent se trouver réunies, comme cela a lieu sur une partie du domaine d'Eldena.

1. Plantes sarclées fumées ,	6. Jachère nue fumée ,
2. Céréale de printemps ,	7. Céréale d'automne,
3. Trèfle ,	8. Demi - céréale de printemps ,
4. Trèfle ,	demi-plantes à cosses.
5. Céréale d'automne ,	

Les rapports de ces assolements se rapprochent de ceux de la première division, où l'on rencontre, tous les six ans ou tous les neuf ans, une jachère nue. Dans ces conditions, on ne peut pas se passer de champs de fourrages en dehors de l'assolement; autrement ces champs sont inutiles.

3. Assolements sans plantes fourragères vivaces , mais avec des plantes commerciales.

Quelques exemples feront suffisamment voir comment ici encore on suit les règles sévères de l'alternat , ou comment on est obligé d'admettre les exceptions.

A Hohenheim, on avait autrefois :

1. Betteraves ou rutabagas fumés,	4. Avoine,
2. Orge,	5. Tabac, pavots fumés,
3. Trèfle ,	6. Céréale d'automne.

Dans le Palatinat, près de Heidelberg, on trouve :

1. Tabac fumé,
2. Épeautre et vesces en récolte dérobée,
3. Orge après fumure de purin,
4. Trèfle,
5. Épeautre ou seigle,
6. Maïs, pommes de terre, betraves.

L'assolement alsacien suivant est plus riche en plantes commerciales :

1. Chanvre, tabac fumés,
2. Froment,
3. Orge,
4. Trèfle,
5. Colza,
6. Froment après une récolte dérobée.

Autre rotation alsacienne, sur un sol sablonneux :

1. Pommes de terre,
2. Seigle,
3. Maïs et chanvre,
4. Garance,
5. Garance,
6. Seigle, puis navets.

Ici il n'y a que deux sixièmes en céréales, et il y aura grande pénurie de paille, si en dehors de cette rotation il n'en existe pas encore une autre sur le domaine. La fumure n'y est pas indiquée.

On trouve le plus fréquemment sur de grands domaines les assolements avec une sole de colza. Outre les deux rotations de sept et huit ans usitées à Hohenheim, les suivantes méritent encore d'être mentionnées :

1. Jachère fumée,
2. Colza,
3. Céréale d'automne,
4. Pommes de terre,
5. Céréale de printemps,
6. Trèfle et raygrass anglais,
7. Trèfle et raygrass anglais,
8. Céréale d'automne.

Schweizer avait autrefois, sur son domaine de Mosen,

1. Pommes de terre, betteraves, choux fumés,
2. Orge,
3. Trèfle fumé,
4. Partie en colza, partie en céréale,
5. Après colza, céréale d'au-tomne; après céréale d'automne, une céréale de printemps,
6. Plantes à cosses,
7. Céréales d'automne fumées,
8. Céréale de printemps.

Cet assolement se trouve tout à fait sur la limite du système alterne.

Les rotations de cette troisième division réclament, bien entendu, d'autant plus de champs de fourrages en dehors de l'assolement que la culture des plantes commerciales sera plus forte.

Observations sur les assolements alternes sans plantes fourragères vivaces, en général.

L'assolement alterne l'emporte surtout sur le système triennal, en cela qu'il n'est sujet à aucune forme rigoureuse. Ainsi on peut assigner, dans le système alterne, à chaque plante la place qui lui est la plus convenable, et on a toutes les facilités d'établir l'alternance la plus régulière entre des récoltes épuisantes, des récoltes ménageantes et des récoltes améliorantes. La culture alterne permet d'avoir, à volonté, les champs de fourrages en dedans ou en dehors de la rotation. Thaër dit qu'elle donne à toute exploitation la possibilité de produire sur ses terres de labour autant de fourrages qu'elles en ont besoin pour la conservation et l'augmentation graduelle de leur fécondité. On ne saurait en dire autant du système granifère, qui, dans sa manière d'être, doit reposer sur des champs de fourrages en dehors de l'assolement.

Il a été démontré qu'il y a des exceptions aussi bien dans le premier que dans le deuxième système, et qu'il y a des assolements alternes sans culture de fourrages dans les terres arables, et des systèmes granifères sans prairies. En général, il faut cependant reconnaître les données ci-dessus comme exactes, bien qu'on observe que le système alterne paraît le céder au système granifère, dans le produit en céréales, qu'on dit plus faible. On peut répondre que la production animale ou celle des plantes commerciales est plus considérable ; on peut même, sous certains rapports, démontrer que, indépendamment de ces avantages, bien des rotations alternes permettront de conduire au marché autant de grain que le système triennal. Cela s'explique par les circonstances suivantes :

1° Quand un cultivateur qui suit le système triennal passe à l'assolement alterne, il convertit, la plupart du temps, une portion de ses pâturages permanents et de ses prés en terres arables ; il consacre donc à la culture des grains des terres qui, autrefois, n'en avaient point porté.

2° Si, autrefois, il était souvent obligé de donner à ses bestiaux des grains, cela cesse à l'avenir, parce qu'il aura un plus grand choix de bons aliments; alors aussi il pourra donner moins de paille en fourrage et davantage en litière, ce à quoi généralement il faut avoir égard, puisque, sous ce rapport, il y a manque dans certains assolements.

3° Comme cet agriculteur n'aura à semer en céréales que la moitié, tandis qu'auparavant il en avait les deux tiers, il épargnera en semence; et si, par la possibilité d'une forte fumure et une meilleure succession des plantes, le produit par hectare, ainsi qu'on peut s'y attendre, ne s'élève encore que de tant soit peu, il pourra se faire, par suite du concours de ces trois points, qu'il lui reste, des trois sixièmes de la superficie, autant de grains à vendre qu'auparavant des quatre sixièmes.

Pour autres points de comparaison, on dit quelquefois que dans le système alterne les travaux d'attelage s'enchaînent mieux, mais que, par contre, on a besoin d'un plus fort matériel, de plus de bras disponibles que dans l'agriculture céréale. Pour bien se rendre compte de ces avantages ou inconvénients réciproques dans des cas déterminés, il faudrait comparer les deux systèmes dans les mêmes circonstances ; car, en thèse générale, tout l'avantage reste à l'agriculture alterne.

Il y a ensuite la part à faire de ce qui appartient au système triennal pur ou au système triennal perfectionné ; celui-ci demande autant de capitaux, de travail et d'intelligence que dans n'importe quel autre système de culture, à l'exception, peut-être, du système libre.

Le système alterne peut devenir impraticable lorsque l'agriculteur n'est pas maître indépendant de son domaine, soit que des redevances en nature, des servitudes ou des conditions de bail gênantes et un bail court le contraignent à suivre dans sa culture telle ou telle voie, soit que ses champs soient placés en portions trop petites entre ceux de ses voisins, qui suivent le système triennal. De plus, l'assolement alterne n'est pas à sa place là où les terres arables, à raison de la nature du sol, de l'exposition ou du climat, sont totalement impropres à produire du trèfle, des plantes sarclées, des plantes de commerce, et où il existe une forte proportion de prés qui n'admettent pas un emploi plus lucratif, où enfin l'intercalation de plantes commerciales entre les céréales n'est pas prudente par un motif quelconque ; alors on doit donner la préférence à l'agriculture céréale ou à l'agriculture pastorale.

§ 2. *Assolements alternes avec plantes fourragères vivaces.*

Les rotations à luzerne et à sainfoin se placent entre le système alterne et le système pastoral; elles forment une division particulière qui cependant, d'ordinaire, fait partie du système de culture alterne, parce que la moitié des terres à peine porte des céréales, et que souvent tous les fourrages se produisent sur les terres arables. Elles ont, avec le système pastoral, cela de commun, qu'après une culture plus ou moins prolongée de céréales et de plantes sarclées, etc., etc., la terre est consacrée exclusivement, pendant plusieurs années, à la production fourragère; et cependant, comme il y a des exploitations qui suivent un système pastoral où toutes les soles à fourrages et les pâturages sont semés, et où partie est fauchée et partie pâturée, il en résulte une différence bien petite. Elles tiennent ensuite du système granifère par une culture de céréales pendant plusieurs années consécutives. On trouve dans le Palatinat les exemples suivants de rotations à luzerne :

1. Pommes de terre, betteraves sans fumure,	1. Colza fumé avec du purin,
2. Seigle,	2. Seigle,
3. Avoine,	3. Pommes de terre,

4. Jachère pure fumée,
5. Colza,
6. Seigle fumé,
7. Pommes de terre,
8. Orge,
9 à 13. Luzerne.

4. Seigle,
5. Épeautre fumé,
6. Pommes de terre,
7. Seigle,
8 à 13. Luzerne.

Dans un sol très-riche du même pays, on combine des céréales et des plantes commerciales comme il suit :

1. Colza,
2. Froment,
3. Orge,
4. Jachère fumée,
5. Colza,

6. Seigle,
7. Froment,
8. Orge,
9 à 14. Luzerne arrosée avec du purin.

On voit aussi les assolements suivants à sainfoin :

1. Épeautre,
2. Pommes de terre,
3. Avoine,
4. Jachère fumée,
5. Épeautre,
6. Avoine,
7 à 9. Sainfoin.

1. Épeautre,
2. Navets de jachère,
3. Orge,
4. Avoine,
5. Jachère fumée,
6. Seigle ou colza,
7. Pommes de terre,
8. Orge,
9 à 11. Sainfoin.

1. Colza,
2. Froment,
3. Pommes de terre,
4. Avoine,
5. Jachère fumée,
6. Colza,
7. Seigle,
8. Pommes de terre,
9. Orge,
10 à 12. Sainfoin.

A Schleisheim, près de Munich, on suit la rotation suivante :

1. Plantes sarclées,
2. Orge,
3. Trèfle,
4. Céréale d'automne,

5. Vesces en vert,
6. Céréale d'automne,
7. Céréale de printemps,
8 à 12. Sainfoin.

Les rotations à plantes fourragères vivaces s'étendent quelquefois encore sur l'ensemble des terres arables d'un domaine ; mais il est plus fréquent qu'elles ne forment qu'une rotation annexe, attendu que, généralement, une partie seulement des terres convient à la luzerne ou au sainfoin. Ces données doivent être prises en sérieuse considération ; car, si l'on tient à mettre ces rotations sur tout un domaine, on risque d'être obligé de faire plusieurs céréales successives, afin de se procurer les grains et pailles nécessaires. Il n'en est pas de même lorsque l'assolement à plantes fourragères vivaces est en dehors de l'assolement commun ; on a alors, à côté, un assolement qui doit être combiné de manière à pourvoir aux besoins de l'exploitation : cela est toujours facile après le défrichement d'une luzerne ou d'un sainfoin qui a enrichi le sol. On fera donc bien de cultiver ces plantes dans une sole à part, et elles devront y rester pendant un temps indéterminé, jusqu'à ce que les produits diminuent. Ces soles, ensuite, rentrent dans la culture ordinaire, après, toutefois, que l'on a eu soin de semer en luzerne ou en sainfoin une autre sole d'étendue égale à la première, afin que l'exploitation ne se ressente point d'une diminution de production en fourrages.

C. — AGRICULTURE PASTORALE.

L'agriculture pastorale est souvent désignée sous le nom d'*agriculture herbagère*, ou culture en enclos; elle a pour principe de mettre tour à tour ses champs en herbages et ses herbages en champs pendant une série d'années déterminée. Les assolements qui se rattachent à ce système d'exploitation sont très-variés. Le nombre des années de la rotation ou des soles est tout à fait arbitraire. L'engazonnement de l'herbage est tantôt abandonné à la nature, tantôt industriellement opéré. On trouve des domaines où ce système est en vigueur et qui n'ont aucune prairie; d'autres en ont une étendue assez considérable. Les uns, après le défrichement de l'herbage, entrent dans le système granifère; les autres suivent plus souvent le système alterne. Le système pastoral s'applique, ou à toute l'étendue des terres d'un domaine, ou à côté d'un assolement épuisant. Enfin la production animale s'y présente tantôt comme objet capital; tantôt on se livre, autant que possible, à la production des grains. On a vu des cultivateurs joindre au système pastoral une culture étendue de plantes commerciales.

§ 1. *Agriculture pastorale sans plantes commerciales.*

1. Prédominance du système granifère.

Il n'est pas rare du tout de trouver ici, pendant la culture des herbages, les règles du système triennal; cela se voit particulièrement dans les pays où l'on passe d'un système à l'autre, et dans les contrées situées sur la limite des deux systèmes.

1. Jachère sans fumure, jachère pâturée,	1. Avoine,
2. Céréale d'automne,	2. Pommes de terre fumées,
3. Céréale de printemps,	3. Seigle fumé,
4. Jachère nue fumée,	4. Avoine,
5. Céréale d'automne,	5. Pommes de terre fumées,
6. Céréale de printemps,	6. Seigle fumé,
7. Trèfle,	7. Avoine,
8 à 9. Pâturage.	8 à 9. Herbe.

Sur un sol sablonneux de l'Odenwald, on cultive :

1. Seigle fumé,
2. Avoine,
3. Sarrasin.

On suit ainsi jusqu'à la douzième année, après quoi on laisse la terre en pâturage pendant une série d'années; il y a ici beaucoup de prés.

Il se peut aussi que trois, quatre, cinq récoltes de grains se suivent consécutivement. Par exemple :

1. Froment sur écobuage,
2. Orge,
3. Avoine,
4. Raygrass fauché,
5. Pâturage.

1. Jachère fumée,
2. Céréale d'automne,
3. Orge,
4. Avoine,
5. Avoine,
6. Trèfle à faucher,
7 à 10. Pâturage.

1. Avoine,
2. Jachère fumée;
3. Seigle,
4. Orge,
5. Avoine,
6. Trèfle à faucher,
7 à 10. Pâturage.

Il y a encore à mentionner une disposition particulière que l'on rencontre dans des communes où les propriétés sont morcelées. Dans une partie de la haute Souabe, il existe un système qu'on nomme quadriennal, qui, en raison de son essence, doit, sans contredit, être compté au nombre des systèmes d'enclos : les terres de toute la commune sont disposées en quatre soles, dont trois se cultivent pendant un certain temps, d'après les règles de l'assolement triennal; la quatrième sole reste en pâturage. Lorsqu'on trouve à propos de changer la sole de pâturage, on prend dans les terres cultivées du système triennal une autre sole que l'on destine au même but, et la sole qui, jusqu'alors, était en pâturage rentre à sa place dans la rotation.

2. Prédominance du système alterne.

Exemple tiré du domaine ducal de Bade, Studensen, près Carlsruhe :

1. Avoine,
2. Vesces en vert fumées,
3. Seigle,
4. Pommes de terre fumées,

5. Orge,
6. Trèfle et herbe,
7 à 10. Pâture.

Autre exemple tiré de la Marche :

1. Jachère sans fumier,
2. Céréale d'hiver,
3. Pommes de terre, navets fumés,
4. Orge,
5. Trèfle ou pois,

6. Après trèfle, avoine ; après pois, seigle,
7. Jachère fumée,
8. Céréale d'hiver,
9 à 12. Pâture de trèfle blanc.

On voit que, ici, l'assolement alterne et le système pastoral se touchent de très-près ; car ce ne sont que les trois années de pâture qui, dans les douze années, font pencher la balance pour le dernier système.

§ 2. *Agriculture pastorale avec plantes commerciales.*

Dans les pays de montagnes où l'on se livre au système pastoral, on ne trouve d'ordinaire, en fait de plantes commerciales, que le lin ; on l'intercale dans la rotation de diverses manières, tantôt dans le pâturage fraîchement retourné, tantôt seulement au bout de quelques années : on observe de ne jamais lui donner une fumure immédiate.

Exemple :

De l'Erzgebirge.	Du Westerwald.
1. Lin,	1. Avoine,
2. Seigle de printemps fumé,	2. Avoine,
3. Orge et avoine mélangées,	3. Pommes de terre fumées,
4. Avoine,	4. Lin,
5. Herbe fauchée,	5. Seigle,
6 à 9. Pâture.	6. Avoine,
	7 à 10. Pâture.

De la forêt de Welzheim.	De la forêt Noire.
1. Jachère fumée,	1. Choux fumés,
2. Épeautre et seigle mêlés,	2. Orge,
3. Lin,	3. Trèfle,
4. Avoine fumée,	4. Épeautre fumé,
5. Trèfle,	5. Lin,
6 à 8 ou 9. Herbe, partie fauchée, partie pâturée.	6. Orge ou seigle de printemps,
	7 à 12. Herbe fauchée.

ou bien,

1. Choux, navets, chanvre fumés, et d'ordinaire encore écobués,	4. Seigle,
	5. Avoine,
2. Seigle,	6. Avoine,
3. Lin,	7 à 12. Herbe fauchée.

Le système pastoral, sur de grands domaines en pays de plaines et non dans les montagnes, a, la plupart du temps, comme plantes commerciales, le colza et la navette ; ainsi on trouve dans le Mecklenbourg :

1. Jachère fumée,	5. Pois et avoine,
2. Navette,	6. Pâture de trèfle,
3. Froment,	7. Et plusieurs années encore
4. Orge,	pâture.

ou bien, d'un à quatre ans comme ci-dessus :

5. Trèfle,	7. Avoine,
6. Seigle,	8 à 13. Pâture.

Dans le Holstein, la rotation suivante a été introduite récemment dans quelques domaines.

1. Avoine,	5. Céréale de printemps,
2. Jachère fumée,	6. Céréale de printemps,
3. Navette,	7. Trèfle,
4. Céréale d'hiver,	8 à 10. Pâture.

Sur le domaine margravial de Bade-Salem, sur le lac de Constance, on a adopté l'assolement suivant :

1. Avoine,	6. Pommes de terre fumées,
2. Seigle à fourrage,	7. Orge,
3. Navette,	8. Trèfle et herbe,
4. Céréale d'automne,	9 à 10. Pâture.
5. Pois et vesces,	

Observations sur le système pastoral en général.

Le système pastoral, comparé aux autres systèmes d'exploitation, appartient essentiellement à la culture extensive ; il sera donc convenable de l'adopter dans les circonstances suivantes :

1° Dans les localités où des terres, par une cause quelconque, n'ont pas une haute valeur, et où une riche culture ne serait ni praticable ni profitable. — La production animale rapportera davantage dans de telles circonstances, et l'on peut consacrer à cette production, au moyen du

système pastoral, une étendue de terre proportionnellement plus grande ; c'est là surtout qu'il
est convenable de tenir des troupeaux de moutons
à laine fine.

2° *Lorsque la population est faible, et que
le pays manque plutôt de bras que de terrain.* —
Ordinairement, dans ces localités, on trouve de
grands domaines arrondis. Le système pastoral
décline donc à mesure que la population s'accroît
et qu'une cause intérieure ou extérieure active le
morcellement de la propriété.

3° *Lorsque les capitaux manquent.* — Ce mode
d'exploitation est peu exigeant de sa nature ; il
ne demande qu'un faible matériel, peu d'avances
en semences et frais de main-d'œuvre ; et cependant, avec un revenu brut beaucoup plus faible que
celui que l'on obtient par le système alterne, il arrive souvent que le revenu net est plus considérable ; cela tient aux économies de tout genre, de
semences, de domestiques et autres, que permet le
système pastoral. D'autre part, il arrive souvent
que le rendement en grains, sur des champs re-
posés et enrichis sous le pâturage, est aussi fort sur
un faible espace que dans tout autre système sur
un espace plus considérable.

4° *Lorsqu'il y a défaut d'intelligence et de qualités industrielles dans la population.* — Nous ne
voulons aucunement dire par là que l'administra-

tion d'un domaine où l'on suit le système pastoral exige moins de capacité dans le chef que celle des domaines à système triennal ou alterne; mais il est seulement à remarquer qu'il faut un moins grand nombre d'aides capables que dans les autres systèmes de culture, car la marche des travaux dans un domaine à culture herbagère est bien plus simple et plus régulière, et c'est pour cela que l'agriculture pastorale s'applique si facilement sur des propriétés immenses.

Ce système de culture est, en Allemagne du moins, plus ancien que le système triennal, par lequel il a été successivement envahi. Dans ces derniers temps, cependant, il a détrôné le système triennal dans plusieurs localités. Les prairies permanentes disparaissent de ce dernier après le passage au système pastoral, et elles sont remplacées par des prairies artificielles et sensiblement améliorées au moyen de la culture périodique. Le fumier qui, sur les premières, se trouve en partie perdu, tourne ici au profit des terres labourées. Quand on fait pâturer les soles en herbes, on épargne de la paille. Un grand morcellement de la propriété peut s'opposer à l'adoption du système pastoral, à moins que, ainsi qu'on l'a vu dans la haute Souabe, la vaine pâture ne s'étende que sur une sole, laquelle, plus tard, est échangée contre une autre consacrée jusque-là à la culture.

Section quatrième.

ASSOLEMENTS EXCEPTIONNELS.

Il y a ici diverses circonstances qu'il faut prendre en considération.

1° Nous avons des rotations qui, bien qu'usitées çà et là, ne peuvent néanmoins être rangées dans aucune des classes mentionnées jusqu'ici; par exemple, l'assolement biennal et les assolements de seigle à longs intervalles.

2° Il y a des assolements auxquels participent les terres couvertes de bois, de vignes, de houblonnières, etc.: on n'utilise ces terres que passagèrement, mais cependant d'après des règles déterminées et adaptées à la culture des plantes des terres arables ordinaires.

3° D'autres assolements, qui, sous bien des rapports, pourraient se lier à un des systèmes de culture ordinaires, demandent cependant un exposé particulier, parce que les circonstances réglament un choix tout particulier de plantes culturales; par exemple, les assolements pour les exploitations à fabriques.

A. *Assolements qui ne peuvent être rangés dans les catégories ordinaires.*

L'essence de cette rotation consiste à alterner

des céréales tantôt avec une jachère fumée, tantôt avec une jachère pure non fumée; exemple :

1. Jachère fumée,	4. Céréale d'automne,
2. Céréale d'automne,	5. Jachère non fumée,
3. Jachère non fumée,	6. Céréale de printemps.

Quelquefois on substitue une plante à cosse à une céréale. Cette rotation était autrefois bien répandue, alors qu'on ne savait pas encore faire produire les fourrages aux terres en labour. On la trouve encore dans quelques parties voisines du Rhin et de la Moselle; elle n'est point du tout à rejeter pour des champs éloignés, à sol maigre. Cependant on trouve plus fréquemment l'assolement biennal perfectionné partout où, à la place de la jachère pure, on met des récoltes sarclées ou même du trèfle.

1. Betteraves fumées,	1. Jachère pure fumée,
2. Pois,	2. Seigle,
3. Jachère pure,	3. Jachère pure,
4. Seigle,	4. Seigle,
5. Jachère pure,	5. Trèfle,
6. Seigle.	6. Avoine.

De cette manière, le système biennal se rapproche du système alterne, à tel point que l'on peut à peine découvrir une limite entre les deux, ce qui est une de ses bonnes propriétés; car on passe du système biennal au système alterne plus facilement que de tout autre système.

2° Rotation de seigle à longs intervalles.

La rotation de champs de seigle, de trois à
douze ans, ne peut faire partie de l'agriculture
pastorale. Ce mode de culture, qui ne trouve ordinairement sa place que dans des pièces éloignées
et mauvaises, consiste à abandonner un champ à
lui-même, sans autre usage que celui de la pâture, jusqu'à ce qu'il soit en état de produire une
récolte de céréale d'hiver. On accorde à la terre
un temps de repos de trois à douze ans, afin
que, par l'engazonnement et les déjections des
bestiaux, elle reprenne la force nécessaire pour
une nouvelle récolte. Il ne peut pas être question
ici de fumer avec du fumier d'écuries. La rotation
d'un seigle de six ans est, par exemple,

1 à 5, pâture;
       6, seigle;
7 à 11, pâture,
       12, seigle, et ainsi de suite.

Une modification, dans de semblables conditions,
n'est souvent praticable que par l'établissement de
corps de fermes ou de métairies sur les champs
éloignés; on peut alors procurer à ces champs du
fumier. Mais, comme une telle transformation ne
paye pas toujours ses frais, et comme un sol se
rapprochant du sable mouvant ne supporte pas la
culture pendant plusieurs années, on voit qu'il y a

des conditions dans lesquelles cette méthode de culture ne saurait être rejetée, quelque mince que fût son rapport.

B. *Assolements qui reposent sur la culture temporaire de certaines pièces de terre.*

1° Culture passagère dans les bois.

Il y a ici deux méthodes différentes à distinguer : la culture dans les taillis et la culture après exploitation et avec repeuplement.

La culture dans les taillis est usitée dans des localités et dans des circonstances qui ne laissent à la charrue, et particulièrement à la production des céréales, qu'une étendue tout à fait insuffisante et nullement en rapport avec la population environnante, tandis que les bois occupent une grande étendue de la terre. Ce cas se présente le plus fréquemment dans des pays de montagnes à vallées resserrées, dont le fond est occupé par des rivières ou par des ruisseaux, par des prés, des jardins, des champs de choux, de chanvre et de pommes de terre, et dont les pentes sont revêtues de taillis, en sorte que pour la culture des céréales il ne reste que peu ou point de terrain, si ce n'est la culture du sol pendant une couple d'années après l'exploitation du bois. Ces pentes sont souvent si escarpées, que les terres ont besoin d'être soutenues pour résister à l'entraînement des eaux; elles ne pourraient pas être soumises à une culture exclusive et continue. Les souches des taillis, qui restent après la coupe, sont un auxiliaire indispensable à un semblable état de choses. Le taillis n'a souvent qu'une rotation de huit à douze ans; parfois, une de seize à vingt. Le bois une fois coupé, et jusqu'à ce que les rejets aient repoussé de nouveau, on cultive la terre pendant une, deux ou trois années, d'ordinaire après avoir, au préalable, brûlé des brindilles, les menues broussailles, les gazons et les mauvaises herbes. Dans l'Odenwald, par exemple, on sème d'abord du sarrasin, et après, comme deuxième récolte, du seigle de printemps. Ces deux récoltes donnent assez souvent un bon produit, mais elles coûtent aussi beaucoup d'argent et beaucoup de peine : les deux préparations du sol s'exécutent à la houe à main, à cause de la pente escarpée et du grand nombre de souches et de racines. On épargne une des façons en semant, avec le sarrasin, du seigle multicaule, qui se récolte la deuxième année. Dans la forêt Noire, où la culture du sarrasin n'est point connue, on sème, après le brûlis qui s'y effectue dans le mois d'août, du seigle d'automne; sur un sol maigre, on se contente de cette seule récolte. Si le terrain a plus de force, on lui fait succéder soit de l'avoine, soit des pommes de terre

La culture après exploitation de bois consiste
à tirer du sol une ou plusieurs récoltes, après la
coupe du bois à blanc étoc, en ayant soin du repeuplement de la forêt pendant et après les récoltes. Voici, par exemple, comment on procède
en Bohême. Après le transport du bois de service,
l'arrachage des souches et le brûlis du bois de déchet, on prépare la terre en automne, on sème, au
printemps, du seigle de printemps ou de l'avoine,
et, dans l'un ou dans l'autre, du seigle multicaule; on répand en même temps la semence du
bois. Le seigle et l'avoine donnent leur récolte la
première année; le seigle multicaule la sienne,
la deuxième année; dès la troisième année, le
nouveau semis de bois occupe seul le terrain.
Ailleurs, on plante, après le défrichement, des
pommes de terre pendant un ou deux ans; puis,
à la deuxième ou à la troisième année, on sème
de l'épeautre et on effectue en même temps le semis du bois, ou bien on plante des pommes de
terre pendant quelques années, et après on sème
le bois en rayon, sans autre plante protectrice.

2° Culture passagère dans les vignes.

Quand, pour un motif quelconque, une vigne
doit être arrachée pour être replantée, il n'est
pas rare qu'on cultive à sa place, pendant plusieurs
années, d'autres plantes, avant de regarnir le

terrain de vignes. Cette culture ne consiste souvent qu'en une céréale avec laquelle on répand du trèfle rouge, ou du sainfoin, ou de la luzerne, de manière que ces plantes, après avoir été fauchées pendant quelques années, soient enfouies dans la terre lors du défrichement du sol, au profit de la nouvelle plantation de vignes. Souvent, à la vérité, la culture est plus variée et dure plus longtemps, lorsque, ainsi que cela se fait dans plusieurs vignes du voisinage de Worms, la vigne elle-même ne dure pas plus que vingt ans environ; on fait, à la vingt et unième année, de la navette d'hiver; la vingt-deuxième une céréale d'automne, la vingt-troisième de l'orge, la vingt-quatrième pommes de terre; puis revient la plantation de la vigne.

3° Culture passagère dans les houblonnières.

Il y a des houblonnières qui, aussitôt après l'abandon d'une ancienne plantation, sont regarnies sans retard; cette méthode, cependant, ne saurait s'exécuter partout avec avantage. Dans les plaines de sable du Palatinat, nommément à Schwetzingen, le houblon dure dix à douze ans; lorsqu'il ne donne plus de produits satisfaisants, on sème du seigle, et dans ce seigle de la luzerne, qu'on laisse quatre à cinq ans; après revient encore du seigle; puis des pommes de terre et de nouveau du seigle, et ainsi de suite; on alterne entre seigle et pommes de terre, jusqu'à ce qu'enfin le houblon puisse revenir.

4° Culture passagère dans les pépinières d'arbres fruitiers.

Les pépinières d'arbres fruitiers elles-mêmes réclament, après une série d'années plus ou moins longue, qu'on varie de culture. La pépinière de Hohenheim, après un laps de temps de plus de trente ans, pendant lesquels elle avait exclusivement servi à ce but, a fait reconnaître cette nécessité d'une manière sensible; on s'est donc décidé à la soumettre à une rotation réglée, que voici :

1. Vesces en vert fumées,   4. Trèfle et herbe,
2. Plantes sarclées,   5 et 6. Herbe,
3. Avoine.

C'est à ce gazon que doivent, de nouveau, succéder des arbres fruitiers pendant six à huit ans.

5° Culture passagère dans les étangs.

Les étangs qui, au profit de la pêche, se cultivent périodiquement sont soumis à une rotation tantôt courte, tantôt longue. Dans le Voigtland, on a de 1 à 3 ans, pêche; 4, avoine; 5 à 7, pêche; 8, avoine; et ainsi de suite. Dans d'autres contrées, on retient l'eau durant six à neuf ans; après, on cultive plusieurs années de suite. Dans le Holstein, on prend après la mise à sec deux à trois récoltes de céréales, et puis on fait pendant quelques années du trèfle, soit pour faucher, soit pour pâturer.

C. Assolements qui, en raison de la localité ou d'autres circonstances, nécessitent un choix tout particulier de plantes culturales.

1° Rotations pour des exploitations situées dans des contrées montagneuses à climat âpre.

Il est question ici de contrées tellement âpres, que les céréales d'automne sont ou impossibles ou peu assurées, par suite de la longueur des hivers, et le cultivateur préfère se borner aux céréales de printemps. En pareil cas, on est naturellement fort gêné dans la culture. Voici quelques exemples propres à donner une idée de ces systèmes d'exploitation.

Dans le Westerwald, on rencontre :

1. Pommes de terre, navets, choux, navets de jachère, choux pommés fumés.	3. Avoine, ou un mélange d'orge ou d'avoine.
2. Orge.	4. Avoine.

ou bien :

1. Les plantes sarclées ci-dessus fumées.	3. Orge, ou du mélange d'orge et d'avoine.
2. Orge.	4. Orge.
3. Trèfle pâturé.	5. Avoine.

Un autre exemple est :

1. Pommes de terre fumées, | 3. Un mélange d'orge et d'a-
2. Lin, | voine.

A Schwarzenberg, dans la vallée de la Murg, plusieurs agriculteurs ne cultivent pas du tout de céréales d'hiver; ils adoptent le système pastoral suivant, dans lequel, après le défrichement du pâturage, une série plus grande de céréales de printemps se succède.

1. Seigle de printemps sur *brû-* | 4. Avoine,
   lis et fumé, | 5. Seigle de printemps fumé,
2. Avoine, | 6. Avoine,
3. Seigle de printemps fumé, | 7 à 12 ou 14. Prairies.

Autre assolement.

1. Choux, navets brûlés et fu- | 5. Pommes de terre fumées,
   més, | 6. Seigle de printemps,
2. Épeautre de printemps, | 7. Avoine,
3. Seigle de printemps, | 8. Prés, une série d'années.
4. Avoine,

2° Rotations pour des exploitations de pays à fabriques.

Dans les localités où de nombreuses fabriques assurent aux plantes commerciales un débouché avantageux, il peut être sage de renoncer entièrement, ou pour la majeure partie, à la production de la paille et des fourrages, et de ne tenir d'autre bétail que le bétail de trait, d'acheter le fumier, dont on ne manquera pas, la population de la contrée étant nombreuse, et de s'adonner enfin exclusivement à la culture des plantes commerciales. Il est vrai que, par là, l'exploitation prend une face extraordinaire.

Dans l'année 1809, on a tenté un tel système sur un domaine de 44 hectares de terres arables et de 16 hectares de prés. On choisit la rotation suivante :

1. Navette fumée,	rance dans le cours de l'été
2. Chicorée,	et pour préparer le sol pour
3 et 4. Garance,	la navette.
5. Jachère, pour arracher la ga-	

Mais le sol trop compacte mit des obstacles à cet assolement, et on fut forcé de le modifier plus tard.

Il peut être plus souvent réellement avantageux de cultiver sur une partie des champs des plantes commerciales, tandis que sur l'autre partie on produira grain, paille et fourrages. Ainsi Schwerz, sur une portion assez étendue du domaine de Hohenheim, avait combiné les plantes commerciales dans la rotation suivante :

1. Pavots fumés,	7. Tabac fumé,
2. Garance,	8. Froment,
3. Garance,	9. Trèfle,
4. Garance,	10. Pommes de terre fumées,
5. Chanvre fumé,	11. Avoine,
6. Lin,	12. Lin.

Sur le Geisberg, près de Wiesbade, on a :

1. Jachère fumée,	6. Céréale d'automne,
2. Navette d'automne,	7. Plantes sarclées fumées,
3. Céréale d'automne,	8. Pavot fumé avec du purin
4. Trèfle,	bourbeux,
5. Chanvre parqué,	9. Céréale d'automne,

| 10. Plantes à cosses, ou vesces | 11. Céréale d'automne, |
| pour fourrages, | 12. Céréale de printemps. |

L'agriculture alsacienne offre des exemples de rotations dans lesquelles les plantes commerciales, le chanvre et le tabac surtout, se présentent assez fréquemment.

Nous devons encore mentionner, comme liées aux assolements de fabriques, pour lesquelles la chose principale est de vendre les matières premières à des industries en dehors de l'exploitation, les rotations qui, par une forte culture de pommes de terre, ont à pourvoir une grande distillerie d'eau-de-vie ou une féculerie, ou, par une forte culture de betteraves, une grande fabrique de sucre.

Assolements pour des distilleries et des féculeries de pommes de terre.

La rotation triennale des fermes d'Ubersheim, sur le Rhin, démontre comment une forte culture de pommes de terre peut s'accorder avec une forte production de grains et quelques cultures de plantes commerciales.

1. Jachère fumée,	6. Orge,
2. Navette,	7. Féverôles,
3. Seigle ou froment,	8. Pommes de terre fumées,
4. Orge ou avoine,	9. Orge,
5. Pommes de terre fumées,	10. Céréale d'hiver.

Ce domaine possède une addition de prés pour fourrages.

Dans la rotation suivante, les trois dixièmes des terres sont en pommes de terre.

1. Jachère;	6. Orge;
2. Navette,	7. Trèfle,
3. Seigle,	8. Seigle,
4. Pommes de terre;	9. Pommes de terre;
5. Pommes de terre;	10. Avoine ; on fume deux fois.

Pour 126 hectares de terres en labour, il y a 7,88 de prés.

Assolements pour des fabriques à sucre.

On trouve quelques domaines consacrés à une fabrique de sucre, qui plantent, pendant plusieurs années de suite, des betteraves, souvent de huit à dix ans; ce sont là de pures exceptions. Ordinairement, lorsque la culture des betteraves fait partie d'une grande exploitation agricole, on lui consacre au plus un tiers de l'étendue des terres. Dans les exploitations de la France septentrionale, on trouve:

1. Betteraves,	1. Betteraves,	1. Betteraves,	1. Betteraves,
2. Froment,	2. Avoine,	2. Fèves fumées,	2. Froment,
3. Avoine fumée,	3. Froment fumé.	3. Froment.	3. Pommes de terre fumées.

Un propriétaire de la Normandie, qui livre des betteraves à une fabrique de sucre, et dont les terres sont enclavées entre des rotations triennales, afin d'avoir le tiers de ses terres arables en betteraves, tient la rotation alterne suivante :

Année de jachère triennale,	1. Betteraves,	4. Trèfle,
Année de céréale d'hiver,	2. Froment,	5. Froment,
Année de céréale de printemps.	3. Avoine ,	6. Betteraves.

Il en résulte que deux fois de suite des betteraves se succèdent, une fois dans la sole d'été, une autre fois dans la sole de jachère. Cette combinaison a un mérite, et est préférable à un alternat qui placerait les secondes betteraves au n° 4; par conséquent, de nouveau dans l'année de jachère. L'avantage consiste en ce que la moitié seulement des betteraves a besoin d'être arrachée de bonne heure, pour faire place à la céréale qui suit; le reste peut rester plus longtemps en terre, ce qui permet en même temps de mieux distribuer les travaux de la récolte des betteraves. L'entrepreneur trouve, en outre, ses premières betteraves toujours très-propres, attendu qu'elles sont dans un sol bien préparé, et les frais de culture, par suite, sont amoindris. Le trèfle, il est vrai, succède à deux céréales; cependant il vient beau et propre dans la terre ameublie. Si on mettait le trèfle après du froment dans le n° 3, pour lui faire succéder des betteraves dans le n° 4, ces dernières seraient également bien placées; cependant elles seraient suivies de froment, et l'avantage de récolter tard, qui forme l'essence de cette rotation, serait perdu.

Lorsqu'on veut cultiver en betteraves le quart des terres, on a :

1. Betteraves ;	1. Betteraves,
2. Céréale de printemps ,	2. Froment ,
3. Trèfle,	3. Trèfle ,
4. Céréale d'hiver fumée.	4. Avoine fumée.

Puisque la réussite du trèfle, tous les quatre ans, n'est que rarement assurée, il sera, la plupart du temps, plus à propos de ne le ramener que tous les huit ans, et tous les huit ans aussi employer une autre plante fourragère, telle, par exemple, que des vesces. Après cela, on peut faire succéder aux betteraves, alternativement, tantôt une céréale de printemps, tantôt une céréale d'automne.

La rotation d'un cinquième en betteraves, du comte Colloredo, à Stantz, est :

1. Fourrages mélangés ,	6. Orge,
2. Céréale d'automne,	7. Trèfle ,
3. Pois,	8. Froment ,
4. Seigle ,	9. Betteraves,
5. Betteraves,	10. Avoine.

Section cinquième.

PASSAGE A UN ASSOLEMENT NOUVEAU.

Le passage d'un assolement à un autre peut

s'accomplir insensiblement, ainsi que nous l'avons
vu plusieurs fois de nos jours. Le système triennal pur a été converti, dans des pays entiers, en un
système perfectionné, et le système triennal perfectionné l'a été, chez de nombreux cultivateurs, en
système alterne, sans grands bouleversements.
Cela s'est fait d'une manière imperceptible, sans
plans, sans projets arrêtés et sans sacrifices sensibles. Il en est tout autrement, lorsque, dans un
laps de peu d'années, il faut arriver à un système
nouveau avec toutes ses conséquences. Il surgit,
dans ce cas, bien des difficultés, et souvent il faut
faire de grands sacrifices ou s'arrêter devant eux;
le problème de l'agriculteur est d'éviter celles-là
et d'amoindrir le plus possible ceux-ci. Deux
moyens se présentent pour leur solution : l'un
consiste à choisir et à disposer le nouvel assolement d'une manière parfaitement raisonnée; l'autre, à préparer la transformation avec la plus
grande circonspection possible.

*A. Circonstances dont il faut tenir compte en
fixant un nouvel assolement.*

Ici se rapportent le nombre, l'étendue, la position des soles et l'adoption d'une ou de plusieurs
rotations sur le même domaine.

Lorsque le nombre de soles que l'on veut

donner au nouvel assolement dépend entièrement du choix libre de l'administrateur, on a à prendre en considération :

1° Le développement à donner à la culture de certaines plantes principales, si le trèfle doit se succéder à de courts ou à de longs intervalles ; si on peut consacrer aux plantes sarclées et à la culture des plantes commerciales une plus ou moins grande portion de terre ; si on aura un pâturage, de quelle étendue et de quelle durée ; de même, si la luzerne, le sainfoin méritent la préférence dans la localité donnée. Ces points de vue et d'autres semblables décident déjà, jusqu'à un certain point, de la durée de la rotation.

2° La position réciproque des pièces des terres, par rapport à leur étendue, exerce fréquemment une certaine contrainte. Lorsque, par exemple, les terres arables se partagent en cinq divisions naturelles de contenance à peu près égale, et si entre ces divisions se trouvent des voisins, ou bien même des terres appartenant au propriétaire, mais en bois, en prés, alors, ainsi qu'il est facile de le concevoir, une rotation de cinq, de dix ou de quinze ans mérite la préférence.

3° Le nombre de soles établies par l'assolement précédent. Il n'est pas toujours égal au nombre des divisions naturelles d'un domaine ; il y a donc surtout à considérer si l'on doit accorder la pré-

férence au premier ou au second cas. Il s'entend
de soi-même que, si l'étendue des terres arables
reste la même que par le passé, la chose la plus
facile est de passer du système triennal à un système de six, neuf, douze années, et de même du
système biennal à un assolement de quatre, six,
huit soles. Lorsqu'on connaît les difficultés qui se
présentent quand il s'agit de changer les limites
de toutes les soles, on s'allége ainsi les sacrifices
à faire, à moins que des cas graves ne s'y opposent. Cependant il y a aussi des circonstances où
une transformation complète des terres peut seule
mener au but désiré, et alors il ne faut craindre
ni ces sacrifices ni ces peines.

4° L'incorporation à la nouvelle rotation de
pièces, qui jusqu'alors, avaient une autre destination, comme pâturages, prés, bois. Comme, en
passant du système triennal au système alterne
ou au système pastoral, il est inutile de conserver
des prairies permanentes, cette circonstance offre
un moyen facile, tout en laissant les trois soles ou
les divisant en six, de former une ou deux soles
subséquentes, et d'arriver ainsi, sans déchirements
et sans frais, de la division jusqu'alors existante,
à un assolement de quatre à cinq ou de sept à huit
soles.

Outre le nombre de soles, leur contenance uniforme mérite une attention particulière, ainsi que

leur position relativement au centre de l'habitation. En donnant, s'il se peut, à chaque sole la
même étendue, les travaux et les produits annuels
restent, en moyenne, les mêmes. Lorsque le sol
présente de grandes inégalités relativement à sa
constitution et à sa position, il faut choisir s'il
convient de faire plusieurs assolements, ou bien
disposer les soles de manière que chacune, sans
autre considération, participe à la fois au bon et
au mauvais terrain.

Un autre point à observer, c'est la position réciproque des soles; si elles forment d'une année
à l'autre une série non interrompue, ou si elles
sont divisées de manière qu'entre la première et
la deuxième sole, par exemple, se trouvent la
cinquième et la sixième sole. Une série non interrompue des soles a de la valeur pour le système
pastoral; elle en a beaucoup moins pour les autres
systèmes, et il ne faudrait pas se laisser arrêter
par une semblable considération, lors du passage
d'un assolement à un autre.

Il est enfin très-important de savoir si, avec les
terres arables dont on dispose, on conservera un
assolement unique, ou si on en fera deux ou trois
nouveaux, ou si on laissera une partie du domaine
sous l'ancien assolement. Une grande variété dans
la nature du sol, dans l'exposition des terres et
dans leur situation respective peut engager irré-

sistiblement un entrepreneur de culture à adopter
plusieurs rotations sur le même domaine.

B. *Considérations sur la période de transition.*

En comparant la rotation défectueuse existante
à celle qu'on a en vue, on remarquera, la plupart
du temps, que, dans la période de transition, on
aura à combattre les obstacles suivants :

1.º On éprouvera un manque de fourrages, à
moins qu'on ne le combatte de la manière la plus
énergique. L'antipathie du trèfle pour lui-même, et
les autres exigences relativement à la propreté et
à la fécondité du sol, sont un obstacle capital.
Voilà pourquoi, dans les premières années de la
conversion, des soles de trèfle disparaissent souvent entièrement, ou bien cette plante ne réussit
pas aussi bien que dans la marche normale des
choses ; il faut donc avoir recours à d'autres
moyens d'alimentation : au sarrasin fauché en
vert, au maïs, au seigle, mais particulièrement
aux vesces en vert, lesquelles tirent souvent le
cultivateur de l'embarras.

2º On manquera de paille, car il faudra souvent renoncer à une récolte de céréale, parce que,
là où, d'après le plan général, elle devrait venir,
la terre n'aura pas encore été mise dans l'état favorable pour cette céréale, ni par des récoltes pré-

paratoires, ni par son état de fécondité. Pour y
remédier, on doit chercher à placer, autant que
possible, la céréale d'automne, que l'on cultive,
dans les champs qui peuvent promettre un rendement supérieur. On doit préférer ensuite, pour
la plus grande production de la paille, le seigle au
froment et à l'épeautre; de même, entre les céréales de printemps, l'avoine et le seigle de printemps à l'orge; on aura enfin des bêtes à laine,
couchant la majeure partie de l'année au parc,
épargnant de cette manière beaucoup de litière,
tout en trouvant une masse de nourriture qui, autrement, n'aurait pas été utilisée.

3° Le manque de fourrages et de paille a pour
conséquence une diminution d'engrais, bien que
l'engrais soit, précisément dans ce cas, extrêmement nécessaire; il faut donc faire en sorte d'employer pour le mieux les matériaux que l'on a à sa
disposition, en faisant usage de fumier frais et en
employant avec soin le purin et le parc, qui exercent une action si prompte; de même, en s'abste-
nant provisoirement de la culture des plantes qui
réclameraient de fortes fumures, et ne contribue-
raient en rien à l'augmentation de la masse des
engrais, comme les plantes commerciales. De plus,
il faut s'attacher à s'assurer le plus promptement
possible de la masse d'engrais nécessaire à l'assolement, soit par l'achat de paille et de fourrages,

soit par des achats de fumiers ou d'autres matières, telles que germes d'orge, cendres, noir
animal, poudrette, etc.

4° Une culture irrégulière ayant lieu pendant
cette période, le changement de l'étendue des soles et quelques autres mesures extraordinaires ré-
clameront, dans la plupart des cas, une augmentation de forces en travaux d'hommes et d'attelages. Par suite, et par la diminution de fourrages,
le nombre de têtes du bétail de rente devra diminuer pour un temps.

5° La nécessité de nettoyer à fond des champs
envahis par les mauvaises herbes, le manque de
fumier et les améliorations extraordinaires forcent
quelquefois à adopter une jachère pure, alors même
que celle-ci n'était pas nécessaire, ni dans l'assolement suivi jusqu'alors, ni dans celui à suivre;
d'où une diminution dans les récoltes.

6° Il résulte de tout cela que l'agriculteur doit
se munir de capitaux disponibles; car il est obligé,
d'une part, de renoncer au produit, et, d'autre part, de faire beaucoup de déboursés imprévus. Il est possible que l'une de ces deux mesures
supplée en quelque sorte à l'autre, de sorte que,
s'il a beaucoup d'argent à sa disposition, la transition pourra s'opérer plus promptement et avancer l'époque des belles récoltes, plus que s'il était
obligé d'économiser. Pour savoir ce qui sera le

plus avantageux, dans un cas donné, il faut un examen attentif de toutes les circonstances. Plus le sol est riche, et plus les changements s'opèrent promptement et avec facilité. Avec un sol moins bon, pour économiser des capitaux, le plus prudent sera d'affecter les meilleures pièces, dès les premières années, à la production de fourrages et de céréales, ces dernières à cause de la paille et à cause du grain à vendre, et de porter le fumier sur les terres de qualité inférieure.

7° Si la nouvelle disposition des champs nécessitait des changements dans les bâtiments, chose qui peut arriver, par exemple, dans la transition du pâturage à la stabulation, dans l'établissement de fermes détachées, on prendra ses mesures à temps.

Lorsque les terres ne donnent qu'un très-faible rendement, il peut se faire qu'on soit forcé de partager le système transitoire en deux périodes principales : la première embrassera le tracé des nouvelles soles et la disposition convenable des récoltes, en ne s'attachant qu'aux généralités; la deuxième période aura pour objet la marche progressive du domaine vers un état de culture normale qu'on a en vue d'atteindre. La première peut s'atteindre au bout d'une année, la deuxième après une série d'années seulement. Qu'on ait, par exemple, à amener un domaine clos, exploité jusqu'ici, d'après le système triennal, avec assez de terres à fourrages permanents, à l'assolement alterne bien intensif à sept soles suivant :

1. Vesces en vert fumées,	5. Céréale de printemps,
2. Navette ou colza,	6. Trèfle,
3. Céréale d'hiver,	7. Céréale d'hiver.
4. Plantes sarclées fumées,	

Le domaine avait, jusqu'alors, 94ʰ,43ᵃ de terres arables. En partageant chacune des soles actuelles du système triennal en deux soles du système alterne, on obtiendra six soles à 15ʰ,75ᵃ; on formera la septième, qui doit avoir la même contenance, en empruntant aux prés et pâturages antérieurs une surface de cette étendue, ce qui, communément, peut se faire avec avantage. De cette manière, le nombre, l'étendue et la position réciproque des soles seront fixés, et on aura bien examiné quelles soles du futur assolement doivent résulter de la sole actuelle d'hiver, de printemps et de jachère, comme aussi des pâtures et des prés. Cependant la fécondité du sol, les fourrages et la paille manqueront tout à fait pour exécuter parfaitement l'assolement alterne projeté. Il ne saurait être question ici de navette ni de vesces en vert, comme récoltes préparatoires, pas plus que d'une forte culture de plantes sarclées ni de racines, car il faut qu'avant tout l'exploitation se crée peu à peu par elle-même les moyens pour cela. Pour la première peut-être, pour la deuxième et la troisième année, on pourra ensemencer les sept soles, ainsi qu'il suit :

1. Jachère pure, autant que possible, fumée entièrement,
2. Céréale d'automne,
3. Céréale de printemps,
4. Plantes sarclées ; on cultivera de la sole ce que l'on pourra fumer ; jachère pure pour le reste,
5. Orge, ou plutôt avoine, après les plantes sarclées, et céréale d'automne après la jachère pure,
6. Trèfle (la quantité que l'on pourra faire) ; le reste de vesces en vert, autant que possible plâtrées et arrosées de purin,
7. Céréale d'automne, ou bien avoine.

On peut appeler cela la première période de la transition proprement dite. Vient ensuite la deuxième période de l'avancement progressif. On pourra, à mesure que la fécondité du domaine s'accroît, consacrer les soles des plantes sarclées à leur destination définitive ; occuper la jachère n° 1, en partie ou en entier, par du seigle à fourrages, qu'on sèmera après la céréale d'hiver n° 7 ; en même temps les soles 1 et 4 pourront être fumées complétement ; en sorte que l'assolement prendra la forme suivante :

1. Seigle pour fourrages jusqu'en mai, puis jachère fumée,
2. Céréale d'hiver,
3. Céréale de printemps,
4. Plantes sarclées fumées,
5. Céréale de printemps,
6. Trèfle,
7. Céréale d'automne.

Comme l'on a quatre septièmes en céréales, on se trouve encore dans le système granifère. Mais, après quelques années, la production de fourrages, de paille et de fumier allant toujours en augmentant, on pourra demander davantage à la terre et commencer à être indemnisé des sacrifices qu'on lui a faits. La moitié la moins riche de la première sole reçoit du seigle pour fourrages, la meilleure des vesces en vert; la moitié de la deuxième sole sera en navette ou colza, le reste en céréale d'hiver; la moitié de la troisième sole aura une céréale d'hiver après navette ou colza, l'autre une céréale de printemps après une céréale d'hiver : on parvient enfin à la rotation définitive. Il est entendu que, d'une année à l'autre, on devra dresser des tableaux sur l'état de transition où l'on se trouve; ces tableaux seront basés sur l'accroissement progressif de la fécondité et la production du fumier.

CHAPITRE VI.

Les travaux se subdivisent en travaux faits par l'homme seul et en travaux faits par l'homme avec le secours des animaux : on doit les considérer d'abord en général, puis en détail; ensuite à quel prix s'élève chaque espèce de travail, et à quelle époque le travail peut et doit être fait; enfin il faut savoir préciser d'avance de quelle force de bras et d'attelage on a besoin.

Section première.

LE TRAVAIL DE L'HOMME.

Dans l'emploi des travailleurs pour l'exécution des travaux des champs, on doit avoir égard à toutes les considérations qui se rattachent à la force de la population locale, à la division de la propriété, au maintien ou à la suppression du système féodal; à l'activité, l'intelligence, le caractère de la classe ouvrière; aux parties constituantes et au système d'exploitation du domaine. Tantôt on a des travailleurs forcés, des corvéables, qui sont obligés à une certaine somme de travail pour rien, ou pour peu de chose; tantôt on a des métiviers qui se chargent de faire la rentrée des récoltes, moyennant une part convenue à prélever dans les produits; tantôt on a des domestiques à gages, à trois mois, à six mois, à un an de congé, lesquels, en général, ne sont pas mariés, et qui, outre le logement, la nourriture et autres accessoires, reçoivent une somme déterminée en argent; tantôt on a une classe d'ouvriers sédentaires, auxquels on accorde le logement et des denrées en nature, plus un peu d'argent; tantôt on a des journaliers ou des hommes à la semaine qu'on nourrit, ou qu'on ne nourrit pas, dont le travail est compté à la journée, et qui logent sur le domaine ou à proximité; tantôt on a des entrepreneurs à la tâche, qui font des traités pour l'exécution de certains travaux, en prenant l'obligation de bien livrer, pour une somme fixée d'avance, les travaux entrepris, quant à la qualité comme à la quantité. Ces diverses conditions des travailleurs agricoles ont fait reconnaître de quelle valeur était la nourriture de l'homme dans le travail de la terre. Cette valeur monte généralement à plus de la moitié du prix de l'ouvrage, et on a compris dès lors la haute importance dévolue à la conduite intérieure du ménage.

Du choix des travailleurs.

Il ne doit pas être question ici des corvéables.

Lorsque l'on a droit à de tels services, on s'en sert
tant qu'on y trouve son profit; cela s'arrête là.
Quant aux travailleurs libres, chaque catégorie
offre des avantages et des inconvénients qu'il convient de juger au point de vue des circonstances
locales. Examinons ces travailleurs dans l'ordre
suivant :

1° Les domestiques à gages;

2° Les journaliers ou manouvriers;

3° Les entrepreneurs de travaux à la tâche.

Dans la majeure partie des domaines, il est
prudent de ne pas se contenter d'une seule espèce
de travailleurs, mais de combiner ensemble deux
espèces, ou même les trois, suivant les travaux.

1° Les domestiques à gages.

Ils conviennent tout d'abord pour les travaux
qui occupent toute l'année et qui exigent de la
fidélité, de l'adresse, de l'exactitude et un certain
attachement à la maison; d'où vient que l'on
confie le plus généralement à des domestiques à
gages la surveillance et la conduite du ménage,
des animaux, de la laiterie, des industries techniques et des attelages. Il y a des exploitations
dans lesquelles tout est fait par des domestiques,
et d'autres où l'on prend des ouvriers du dehors
pour la fenaison, la moisson et le battage. En
général, les aides à gages n'ont pas une sphère

d'activité déterminée ni un temps donné pour certains travaux ; ils doivent aller où les dirige à chaque instant du jour la volonté de l'entrepreneur de culture. Leurs gages et leur nourriture varient à l'infini, suivant les pays et suivant les exploitations, souvent même d'une exploitation à l'autre dans le même pays.

Par exemple, dans la partie fertile et tempérée du Wurtemberg, sur de grands domaines, on donne les gages annuels suivants en argent :

	fr.		fr.
À un premier valet de labour, de. . . .	95	à	142
À un bouvier, de.	65	à	107
À un bon aide-berger, de.	129	à	172
À un aide-berger inférieur, de.	86	à	129
À un panseur, de.	129	à	172
À un vacher, de.	71	à	107
À un jeune aide-vacher ou berger, de. . .	43	à	65
À une servante, de.	39	à	71

Au-dessous de ces prix, on n'obtient pas facilement de bons domestiques ; cependant il faut comprendre en même temps les accessoires en bottes, en bas, en toile, usités encore dans plusieurs pays, et qui ne sont plus donnés aujourd'hui en nature que par les paysans. En général, à ces divers gages on joint une indemnité, le denier à Dieu, accordée tantôt à l'entrée seulement au service, tantôt annuellement. Il existe des congés de trois mois ; cependant, généralement, les conventions sont pour un an, de manière qu'il faut s'attendre à un changement, si à une époque déterminée le traité n'est pas renouvelé. Les maîtres valets ont, en outre, encore un argent de *foire* prélevé sur la vente des denrées, par exemple 7 centimes par 177 litres de grain. Les charretiers, les bouviers, les vachers, les bergers ont aussi des pourboires sur le bétail vendu.

Pour établir des points de comparaison ; voici les gages usités en Bavière :

	fr.		fr.
Un contre-maître ou chef de culture, de. . . .	150	à	215
Un maître charretier, de.	107	à	130
Un charretier ou bouvier, de.	86	à	107
Un premier berger, de.	173	à	258
Un maître fromager, de.	166	à	258
Un aide-bouvier ou un aide-berger, de. . . .	65	à	107
Un vacher ou un troisième berger, de. . . .	32	à	65
Une ménagère, de.	130	à	173
Une cuisinière pour les domestiques, de. . .	65	à	86
Une servante de basse-cour, de.	43	à	76

Dans de très grandes exploitations ; le directeur de culture, les premiers bergers, les maîtres fromagers ont de 322 à 430 fr. ; de plus, une position indépendante.

Pour ce qui est de la nourriture, avec la meilleure distribution, la plus grande économie, et avec un prix modéré des vivres ; elle ne peut pas être estimée, en Wurtemberg, pour un adulte, au-dessous de 150 fr. par an, et, dans bien des exploi-

tations et en certaines années, le prix dépasse
215 francs au.

Les domestiques ordinaires à gages sont, en général, non mariés. Les chefs et contre-maîtres sont
souvent mariés; mais, comme on ne veut pas toujours les nourrir, on leur donne un équivalent en
terrain et en denrées, ainsi que l'emplacement nécessaire pour loger une vache ou un cochon.

2° Les journaliers.

C'est un grand bonheur, pour un entrepreneur
de culture, de se trouver dans un pays où il y ait
un grand nombre de journaliers, surtout s'ils sont
probes, laborieux, intelligents. En pareil cas, la
condition de l'entrepreneur est bien adoucie, et les
travaux sont singulièrement simplifiés. On peut
tout confier aux journaliers, voire même les travaux d'attelage, et alors on n'a d'autres domestiques à gages que ceux indispensables à l'affou-
ragement des bestiaux. Le prix de la journée d'un
homme, non nourri, pour des travaux ordinaires
et qui n'exigent pas beaucoup d'adresse, varie,
dans le sud-ouest de l'Allemagne, entre 65 centimes et 1 fr. 40 c. La dernière somme paraîtra
peut-être élevée; cependant on la trouve fréquemment dans les pays vignobles, où les ouvriers ont
des travaux très-rudes et très-pénibles à faire, de
même qu'à la proximité des villes et à certaines

époques de l'année. Après le prix des denrées de première nécessité et le nombre de personnes qui s'occupent de travaux agricoles dans une même localité, ce qui influe le plus sur le prix de la main-d'œuvre, c'est le nombre des grands domaines qui emploient beaucoup de main-d'œuvre.

On ne peut rien préciser d'une manière générale sur le salaire des journaliers ; mais, dans chaque localité, on obtient facilement tous les renseignements nécessaires à ce sujet. A Hohenheim, par exemple, le prix des journées est fixé ainsi :

Un homme reçoit l'hiver. . . . . » fr. 60 c.
Le reste de l'année. 86
Pendant la moisson. 1 5
Une femme reçoit l'hiver. . . . . » 50
Le reste de l'année. . . . . » 58
Pendant la moisson. . . . . » 72
Un enfant de quatorze ans, de 36 à 50 centimes : on augmente avec l'âge.

Le temps de la moisson, pendant lequel on donne le plus haut prix des journées, ne dure ici qu'environ quinze jours ; car on ne compte, comme temps de moisson, que la durée de la récolte des céréales d'automne. Quelquefois on ajoute la récolte de l'orge, lorsqu'elle a lieu à la même époque. Ainsi, à Hohenheim, les journaliers ont à travailler fortement et péniblement pour gagner ces hauts prix. Les journaliers de Hohenheim travaillent, l'été, de cinq heures et demie à onze, et de midi et demi à 6 heures ; les deux fois sans pause.

Antérieurement, les journées commençaient à cinq heures, mais alors avec une pause. L'hiver, la journée commence avec le jour, soit vers sept heures, sept et demie à onze, et de midi jusqu'à la nuit. Si l'on a en journée quelque ouvrier d'état, par exemple des selliers, des charpentiers, des maçons, des charrons, on paye alors au maître de 1 fr. 7 à 1 fr. 43 c. pour prix de la journée, et à un de ses compagnons, de 15 à 29 c. de moins ; dans ces cas, on ne nourrit jamais. Il y a cependant des domaines où l'on ne peut pas se dispenser de nourrir ces ouvriers, surtout dans les moments de grands travaux ; c'est lorsque ces hommes sont éloignés de plusieurs lieues de chez eux. Dans ce cas, le prix de la journée devrait diminuer de la valeur de la nourriture ; mais cela n'a lieu que fort rarement, et alors les journées coûtent plus cher : on paye, pour ainsi dire, l'éloignement. Il y a souvent bien des désagréments à nourrir les ouvriers ; des soustractions se commettent, et les ouvriers sont bien plus difficiles à satisfaire que lorsqu'ils se nourrissent eux-mêmes. Sur de petites propriétés, ces désagréments sont moindres, et de pareils arrangements sont plus faciles.

Les ouvriers à la semaine se trouvent, en quelque sorte, intermédiaires entre les domestiques à gages et les journaliers; ils reçoivent bien leur paye calculée à la journée, mais couchent d'ordinaire sur le domaine, sont nourris, etc., s'obligent, par là aussi, ainsi que les gens de service, aux travaux qui peuvent se rencontrer hors des heures de travail.

De même que les manouvriers sédentaires viennent souvent en aide aux domestiques à gages, de même aussi les journaliers nomades se joignent, pour certains travaux, aux manouvriers sédentaires. Ces aides divers sont souvent très-précieux sur des domaines isolés qui ont besoin d'assurer leurs travaux, et qui ont assez de place pour pouvoir loger des gens mariés. Outre le logement, on accorde à ces ouvriers une certaine quantité de terrain, contre l'obligation d'être à la disposition de l'entrepreneur de culture, toutes les fois qu'il a besoin de leurs services. Cependant, comme ces gens ont des travaux à eux et qu'ils ne peuvent, par conséquent, travailler exclusivement pour le domaine, on estime qu'une famille de ces journaliers ne peut fournir, par an, au domaine, plus de 260 journées d'homme et 150 journées de femme, à moins qu'il y ait de grands enfants dans la famille.

3° Les entrepreneurs de travaux à la tâche.

Les travaux à forfait, à la pièce, au marchandage ont surtout lieu lorsque la qualité des travaux à effectuer peut être facilement surveillée, comme pour les fossés, les rigoles d'assainissement, le battage des graines, la coupe et la façon du bois, etc., ou bien lorsqu'on veut hâter certains travaux, comme la moisson. Le prix se paye tantôt en argent, tantôt en denrées dont l'ouvrier a besoin et que le domaine produit, tantôt enfin en une part de la récolte ou du battage. Dans les conditions des travaux à forfait, on fait souvent entrer, indépendamment du travail, la fixation de l'époque de sa livraison. Il est bien plus difficile de s'entendre pour des travaux dont la qualité constitue le mérite, comme les labours, les semailles, les soins aux bestiaux. Il se rencontre aussi des obstacles particuliers, lorsqu'il survient des cas imprévus : des changements de température, des maladies parmi le bétail, et ainsi de suite. Nonobstant, il y a des exploitations dans lesquelles le système à forfait s'étend sur tous les travaux, à tel point qu'on n'a point d'autres ouvriers que ceux-là, à l'exception des surveillants. Les désagréments et les pertes dans le ménage sont par là supprimés. Cependant, lorsque le domaine ne se trouve pas situé près d'un village, il faut prendre des dispositions pour que les ouvriers puissent trouver leurs repas, quelquefois aussi leurs couchers, sur le domaine, le tout à des prix raisonnables, puisque plusieurs d'entre eux, ainsi que les domestiques à gages, sont obligés d'y séjourner. Pour obvier à cela, on a l'habitude de monter un établissement de restaurateur, une cantine à prix fixes. Dans ce système, l'entrepreneur de culture prend pour base du prix des travaux, soit une expérience antérieure, soit certaines épreuves immédiates. Ainsi, moyennant certaines conventions, l'exploitation fournit un attelage au laboureur ou au charretier qui conduit les récoltes ou le fumier. Les animaux d'attelage passent ensuite, moyennant d'autres conditions, entre les mains d'un autre qui les nourrit et les soigne. Ce système à forfait a été essayé dans toute sa pureté à Hohenheim, pendant quelques années; mais on en revint, et on trouva bon de le restreindre aux travaux dont la qualité est d'une importance secondaire, ou qui peuvent être contrôlés facilement. Sur les domaines où l'on tient des domestiques à gages et des journaliers, il est aussi très-convenable de faire des abonnements avec les artisans que le cultivateur emploie d'ordinaire. Sur un domaine du Wurtemberg, par exemple, on paye à un forgeron, pour l'entretien de tous les ustensiles

de culture, en tant qu'ils sont du ressort de son métier, par hectare et par an, 3 fr. 75 c.; à un charron, pour son ouvrage, 1 fr. 60 c.; au cordier, y compris les traits, 45 c. — De plus, on paye au maréchal ferrant, pour la ferrure d'un cheval, 13 fr. par an; au sellier, l'entretien des harnais d'un cheval 13 fr., d'un bœuf 2 fr. 15 c., par an.

Il existe encore une méthode bien usitée de travaux à forfait, qui est digne d'attention, surtout dans des contrées à propriétés morcelées. Comme dans ces contrées un certain nombre de cultivateurs sont obligés d'avoir ou une paire de chevaux ou une paire de bœufs, et qn'ils ne peuvent cependant pas les occuper complétement, ils recherchent des travaux à exécuter pour d'autres. Il se rencontre précisément, dans ces localités, de petits propriétaires qui ont peu de culture, et ne peuvent pas entretenir un attelage; souvent même, ils ne peuvent pas suivre les travaux; ils s'entendent alors avec les premiers pour faire exécuter leurs travaux moyennant un prix convenu. On voit souvent, dans cette catégorie, des artisans qui, avec leur métier, possèdent quelques pièces de terre. A Pléningen, par exemple, on paye, pour le déchaumage de 1 hectare, 10 fr. 90 c.; pour un labour superficiel pour l'orge ou l'avoine, pour la semaille et l'enfouissement de la semence à la

herse, 13 fr. 67 c. par hectare. Si, pour cette semaille, il faut deux labours, 17 fr. pour le défrichement d'un trèfle, et la semaille de ce défrichement en épeautre de 21 fr. 20 c. à 27 fr. 35 c.
D'autres travaux, tels que charrois de trèfle, de
foin, de céréales, de fumiers, etc., se payent par
voyage, suivant la distance des pièces de terre,
58 à 86 c. par voyage.

Comparaison entre les domestiques à gages, les journaliers et les entrepreneurs de travaux.

Les domestiques à gages, dans les pays où une
grande démoralisation s'est introduite parmi eux,
demandent une direction ferme et suivie, souvent
difficile; car on a à surveiller non-seulement,
comme avec les ouvriers à forfait et à journées,
leurs travaux et leur probité, mais encore tout
l'ensemble de leur conduite, leur moralité, leur
esprit d'ordre, leur propreté, etc. La conduite
privée de chacun d'eux peut influer d'une manière salutaire ou fâcheuse sur les autres, et, par
suite, sur tout l'ordre de la maison. Peu de chefs
ont reçu en partage ce tact rare et précieux, nécessaire pour le gouvernement des hommes; de là les
nombreuses plaintes contre les domestiques, dont
la direction est regardée comme la partie la plus
désagréable de la vie rurale. La nourriture surtout
est un sujet incessant de récriminations. Mais, in-

dépendamment de ces inconvénients palpables, il
existe, avec une nombreuse domesticité à gages,
un mal profond, insaisissable pour ainsi dire, et
qui mine le plus le revenu net du cultivateur,
c'est la difficulté d'occuper incessamment tout le
monde d'une manière productive et de tenir chacun constamment en haleine. Cela demande une
bonne tête. Il faut qu'un administrateur sache
choisir ses employés, les diriger et conseiller convenablement ; qu'il sache allier la douceur à la
sévérité, employer l'une ou l'autre à propos ; qu'il
sache gagner leur estime, leur attachement et leur
confiance. S'il sait tout cela, et s'il sait en même
temps les occuper dans une bonne mesure et en
tous temps, il réussira peut-être alors à avoir des
domestiques à gages qui prendront à cœur ses intérêts et ceux du domaine plus que ne le feraient
les ouvriers des autres classes. Cela se rencontre
surtout dans de petites exploitations de paysans où
l'entrepreneur lui-même et sa famille travaillent
avec eux.

La domesticité à gages, qui s'était établie dans
un temps où le propriétaire se considérait comme
le chef de famille de tous ceux qui habitaient son
domaine, devient, chaque jour, de plus en plus difficile au fur et à mesure que diminue la vie pa-
triarcale. Aussi ne trouve-t-on plus une nombreuse domesticité que dans les exploitations iso-

lées, et dans celles où le pays ne fournit ni journaliers ni tâcherons. La position de ces deux espèces
de travailleurs est beaucoup plus indépendante, et
celle de l'ouvrier à tâche plus encore que celle du
journalier; et on doit s'attendre que la domesticité
à gages diminuera toujours davantage, et le système à tâche, au contraire, se multipliera, comme
répondant mieux à l'esprit de notre époque. Pour
le moment, le cultivateur qui travaille dans une
contrée assez peuplée peut encore choisir entre les trois méthodes; il se décide toujours pour
un mélange de ces trois méthodes, suivant les travaux qui sont à exécuter. Pouvant disposer avec
plus de certitude des domestiques à gages, il
choisit des domestiques mâles et femelles pour les
travaux qui ont cours régulièrement pendant
toute l'année; pour les occupations qui peuvent
convenir à des ménages, telles que les vacheries,
fromageries, bergeries, il donne la préférence à
des ouvriers sédentaires, mariés sur le domaine;
pour les travaux extraordinaires, tels qu'il s'en rencontre dans la nature d'une exploitation agricole, et
aux époques de l'année où les travaux s'accumu-
lent, on prend des journaliers, ou des ouvriers à
tâche, suivant que l'on espère mieux se trouver
des uns ou des autres. Les deux dernières espèces
de travailleurs exigent, comparativement aux domestiques à gages, plus d'argent comptant. Ce-

pendant ceci n'est pas un cas qui motive une grande différence dans les prix, car il n'est pas impossible d'introduire aussi, pour les journaliers, un règlement de compte en fourniture des denrées qui sont produites sur le domaine. Mais, il faut le dire, il importe peu, au fond, que l'on se serve d'argent ou de denrées comme échange contre les travaux. On reproche aux journaliers de trop épargner leurs forces, de trop chercher à abréger leurs heures de travail, et, par conséquent, de rendre moins de services. Ceci repose en partie dans la nature de leur contrat; cependant une bonne surveillance peut bien arrêter la fainéantise, et la facilité avec laquelle on peut les renvoyer, à chaque instant, dans les lieux où il y a une certaine concurrence, doit aiguillonner leur activité.

Les travaux à tâche ont aussi leur bon et leur mauvais côté, dont il convient d'établir la balance. On peut mettre, d'un côté, les avantages du cultivateur, et, de l'autre, ceux de l'ouvrier à tâche. Les avantages du cultivateur sont 1° les travaux par entreprise, qui sont généralement exécutés à bien meilleur marché que ceux faits par des journaliers et par des domestiques à gages; il est de l'intérêt même de l'entrepreneur d'être actif, diligent; il ne faut point de contrôle pour la quantité de l'ouvrage; 2° les travaux sont exécutés plus promptement, ce qui est d'une grande importance et d'une grande utilité pour les travaux qui doivent être faits à une époque fixe et pour ceux qui augmentent le produit et l'assurent; 3° la balance des comptes de chaque travail est claire et nette, puisqu'elle peut s'énoncer en chiffres fixes. Par là le cultivateur est incessamment rappelé aux calculs et aux supputations, ce qui ne peut manquer de produire un bon effet sur l'ensemble de l'exploitation.

Les avantages de l'ouvrier consistent dans son activité, dans la liberté de ses combinaisons, dans l'adoption de bonnes pratiques. S'il est adroit, s'il emploie des instruments meilleurs que ceux dont on se sert ordinairement, il retirera de ces avantages un profit immédiat, et il pourra, par conséquent, améliorer son sort ou faire quelques économies. On peut encore ajouter que, dans beaucoup de travaux, par exemple dans la moisson, il a la faculté d'associer à ses travaux tous les membres de la famille, d'où il résulte qu'un enfant que l'on ne voudrait pas laisser travailler en journée gagnera souvent autant qu'une grande personne, une femme autant qu'un homme. S'il lui arrive de faire quelques entreprises heureuses, son profit pourra être considérable.

Les désavantages ou les difficultés d'un système d'entreprise largement développé et s'étendant sur

la majeure partie des travaux ou même sur tous
sont les suivants : 1° quoiqu'il ne faille point de
surveillance pour la quantité de l'ouvrage, la qualité en exige une d'autant plus grande. Souvent
cette partie est rendue bien difficile, comme cela
arrive particulièrement dans les soins du bétail
confié à l'entreprise. Lorsqu'une personne doit
nourrir et soigner le bétail à l'entreprise, et qu'une
autre doit labourer, herser et faire les charrois
avec le même bétail, il y a une cause incessante
de ruine, et des bestiaux ainsi conduits ne seront
jamais en aussi bonnes conditions que ceux que
l'on aura confiés à un seul homme pour la nourriture et le travail, et qui ne les perd jamais de vue.

2° On ne réussit pas toujours et partout à trouver des ouvriers à forfait. Dans bien des pays, les
ouvriers sont si peu industrieux, qu'ils ne veulent
accepter aucune entreprise, lors même qu'ils y
trouveraient un avantage certain; ils préfèrent
suivre leur vie routinière de journaliers pauvres,
à laquelle ils sont habitués, que de faire des efforts
pour en sortir et gagner davantage. Par contre,
on trouve des contrées où les ouvriers, soit par
caractère, soit par suite de concurrence, ont l'esprit d'entreprise; c'est là une circonstance heureuse pour le cultivateur, et il fera bien d'en profiter.

3° Il faut supposer que les deux partis savent

faire une juste appréciation des travaux à exécuter. Dans le principe, le cultivateur ne doit pas craindre de s'imposer quelques sacrifices, jusqu'à ce que la chose soit en train, que les ouvriers aient pris du courage, de la confiance et du goût pour ce genre de travaux. Si le cultivateur n'est pas bien sûr de ses calculs, et qu'il ne puisse pas estimer au juste le prix de chaque ouvrage, ou bien si les ouvriers ne veulent pas admettre ses propositions raisonnables, il n'y a pas d'autre moyen, pour se tirer d'affaire, que d'entreprendre un travail expérimental sous une sévère surveillance.

4° Les entrepreneurs de travaux, surtout lorsqu'ils entreprennent de grands travaux pour lesquels ils sont obligés de chercher des aides à leur solde, doivent avoir nécessairement, dans ce cas, quelques avances; car, pour que le cultivateur trouve un avantage dans cette méthode, les prix doivent être établis de telle sorte, qu'il y ait des chances de perte pour les entrepreneurs : il faut donc que ceux-ci aient les moyens de supporter ces pertes, qu'ils recouvreront sans doute dans d'autres entreprises plus heureuses. Là, par exemple, les prix du fauchage, du séchage et de la rentrée doivent être tellement faits, que les deux partis trouvent leur compte ; ce qui arrivera ordinairement, si entre le fauchage et la rentrée il ne se passe que trois jours.

Il y a des années où l'on peut rentrer les foins le deuxième jour; d'autres où, pour cause d'intempérie, cette rentrée ne peut s'effectuer qu'au bout de quatre et cinq jours, tout en y étant toujours occupé. Dans le premier cas, c'est le cultivateur qui est en perte; dans le deuxième, ce sont les entrepreneurs. Il est très-important de ne jamais user de ruse avec les ouvriers; et on ne doit pas leur envier un gain qu'ils ont obtenu par leur activité ou par la combinaison d'heureuses circonstances.

5° Il y a des cas de pertes dans cette méthode, lorsqu'on ne peut pas retirer les ouvriers d'un ouvrage pour les occuper à un autre, ce qui se présente quelquefois d'urgence. Par exemple, A a entrepris la récolte du colza, et pour cela emploie vingt personnes; B a entrepris son battage à la grange, et y travaille avec dix personnes. Un fort orage se prépare, qui menace de grêle ou au moins d'une forte averse, et il serait à désirer que l'on pût appeler les batteurs en aide; mais B se soucie peu du marché conclu avec A, et il refuse ses ouvriers. Il en résulte, pour le cultivateur, une perte que l'on aurait évitée avec des journaliers. Les exemples de ce genre existent en grand nombre.

6° Quelque clairs et bien faits que soient les comptes avec le système des entreprises, il n'en est pas moins vrai que les écritures, dans ce cas, sont bien multipliées, surtout si ces entreprises s'étendent sur presque tous les travaux. Cela entraîne souvent encore à d'autres travaux qui exigent de nouvelles dépenses. Ainsi, lorsqu'on voudra faire exécuter les travaux de culture à forfait, il est prudent d'avoir un arpentage exact des champs et des prés par petites portions, par quart, demi, trois quarts, ou par hectare, et de fixer aux limites de ces parcelles de forts piquets numérotés. On évite par là les nombreux réarpentages, qui sont, sans cela, nécessaires, et on facilite, d'ailleurs, les négociations.

Après tout ce qui vient d'être dit, il nous reste encore quelques vues générales à ajouter sur les comparaisons à établir entre les domestiques à gages, les journaliers et les entrepreneurs de travaux. La position d'un domestique, d'une servante est très-dépendante : ils louent, pour un temps plus ou moins long, leur activité, et se soumettent à l'ordre existant de la maison. Il est vrai qu'ils n'ont à exposer aucun capital, car tout leur mobilier consiste dans leur habillement. Cette position, généralement, ne convient qu'à des personnes non mariées et peu aisées. Les journaliers sont plus indépendants : ou bien ils sont mariés ; ou ils vivent encore avec leurs parents, s'ils sont jeunes. Il faut qu'eux ou leurs parents possèdent quelque chose, car ils ont besoin de logement, de literie et d'outils. Pour que leur position ne soit pas trop rude, il est nécessaire qu'outre leurs journées, qui rarement s'étendent sur toute l'année, ils aient encore quelque autre gain, ou un coin de terre à cultiver. Comme journaliers, ils ne sont exposés à aucune perte; par contre, ils n'ont pas non plus la perspective de mettre quelque chose de côté, à moins que ce soit par le gain accessoire ou au moyen d'une économie très-grande. Entre les ouvriers agricoles, c'est l'entrepreneur de travaux à tâche qui a la position la plus indépendante; voilà pourquoi on a proposé aussi de l'appeler *travailleur libre*. Louant son activité non pour un temps déterminé, mais pour un travail connu, appréciable, tant qu'il remplit convenablement sa tâche, il n'a à recevoir aucune remontrance. Il a besoin de quelque capital pour le roulement de son industrie, surtout lorsque les entreprises ont lieu en grand, car il court quelques risques; mais, par contre, il peut gagner d'autant plus : ces circonstances relèvent sa position. La prudence et l'activité auxquelles il est forcé de s'habituer dans ses travaux agricoles, il les conserve dans toutes ses relations. Lorsqu'une fois il est parvenu à améliorer son sort et à avoir quelque fortune, il devient un bon administrateur de son propre bien.

GESTION INTÉRIEURE DU MÉNAGE.

Nous avons vu que les domestiques à gages sont toujours nourris sur le domaine, que les journaliers le sont parfois, c'est-à-dire dans certaines contrées et dans certaines saisons, et que, là où un système général d'exploitation est introduit, on est tenu de procurer à une partie des entrepreneurs les moyens de trouver, sur le domaine ou dans le voisinage, à satisfaire, à des prix raisonnables, aux premiers besoins de la vie. Il faut donc ou avoir un ménage soi-même, ou établir un traiteur. Outre la nourriture, les ouvriers ont encore d'autres besoins auxquels il faut pourvoir, tels que boisson, chauffage, éclairage, blanchissage, etc. Il faut joindre encore à cela l'entretien des locaux, le mobilier, etc., etc.

Nourriture.

Pour le choix des mets et leur préparation, le mieux est de tenir à l'usage du pays où l'on cultive. On a souvent remarqué que, sur un terrain riche, l'alimentation ordinaire est meilleure que sur une terre pauvre; voire même, que les habitants d'un sol argileux, lequel exige des ouvriers plus forts, se nourrissent d'une manière plus sub-

stantielle que ceux d'un sol sablonneux. On peut
de même prouver que, là où la nourriture des domestiques est abondante et bonne, les ouvriers
sont généralement plus forts et travaillent davantage. Celui qui entend bien ses intérêts donnera,
en tous cas, à ses ouvriers une nourriture suffisante, pour qu'ils restent en force, en santé et bien
dispos. Mais en cela des erreurs ont été com-
mises par des cultivateurs, qui, dans de bonnes
intentions, ont introduit chez eux une nourriture
beaucoup meilleure que celle en usage dans le pays:
ils n'y ont pas trouvé leur compte. Un établissement unique n'est pas de force à changer une race
d'hommes. Une bonne nourriture, donnée hors de
l'usage du pays, entraîne les gens à manger beaucoup, sans besoin, mais par gourmandise, et alors
le produit du travail ne se trouve plus proportion-
nel à la nourriture consommée. Si, au milieu
d'occupations extraordinaires et dans des instants
critiques, on veut faire quelque chose en faveur
des ouvriers pour les encourager, il vaudra mieux
donner un supplément de nourriture ou de boisson, dans un intervalle de repos, plutôt que de
changer la nourriture ordinaire ; autrement les
gens prennent une nouvelle habitude, toujours
coûteuse, et on occasionne des mécontentements,
si l'on veut revenir sur ses pas. Si cependant
c'est une coutume locale de donner une meilleure

nourriture pendant la moisson ou à une autre époque de forts travaux ; il ne faut pas déroger à cette
habitude, tant pour la qualité des mets que pour
la quantité ; car c'est une mauvaise économie que
de retrancher sur ce que les ouvriers croient être
en droit de réclamer, par suite d'un usage général : cela occasionne un découragement qui se
fait sentir dans les travaux à un plus haut degré
que la valeur de ce retranchement. Il est nécessaire qu'un cultivateur prudent surveille les besoins du ménage, pour y pourvoir à temps.

La nourriture des ouvriers exige de la farine,
de la viande, du laitage, des légumes, du sel, des
épices, etc., etc.

1° *De la farine*. — Le pain de ménage est, le
plus souvent, composé de deux espèces de grains,
d'autres fois de quatre et cinq espèces différentes.
Quelquefois on veut aussi tirer parti, dans ce cas,
des déchets, ou remplacer, par une autre espèce,
celle qui manque à la maison. Très-souvent, dans
le Wurtemberg, on mélange de l'orge avec de l'é-
peautre, de l'orge avec du froment, de l'orge avec
du seigle ; par exemple, un tiers de farine d'orge
avec deux tiers de farine de seigle, ou un tiers de
farine d'orge avec un tiers de farine de froment et
un tiers de farine d'épeautre ; on emploie également, souvent, trois quarts d'épeautre et un quart
de froment ; on ajoute aussi des pommes de terre :

pour 20 kilog. de farine d'épeautre on met 10 kilog. de pommes de terre. Des mélanges plus rares sont les suivants : dans la forêt de Welzheim on met, pour une cuite, trois parties de seigle, deux parties d'orge, quatre à cinq parties d'avoine. Un propriétaire, près de Rotweil, mélange quatorze parties d'épeautre, cinq parties de seigle, trente-six parties d'orge, dix-huit parties de fèves et vingt-sept parties de lentilles.

Ordinairement, on envoie au moulin le grain que l'on veut faire moudre et on paye le prix de mouture en nature ; le prix de cette mouture est du douzième au vingtième de la partie moulue ; près de Hohenheim, le plus généralement, c'est le seizième. On obtient, en moyenne, du grain proprement nettoyé, suivant l'espèce et la qualité de farine, de 75 à 88 pour 100 du poids du grain, de 8 à 14 pour 100 de son, et 6 pour 100 pour frais de mouture ; le déchet est de 3 à 5 pour 100. Lorsqu'on paye le prix de mouture en argent, alors, bien entendu, la quantité de farine est plus élevée.

a. **Produit en farine pour chaque espèce de grains.**

Seigle. — Lorsqu'on ne paye pas le prix de mouture en nature, d'après Kretzmer, 100 kilog. de seigle donnent 85 kilog. de farine, de 9 à 10 kilog. de son, et un déchet de 5 à 6 kilog. Veit compte de 100 kilog. de seigle, 76 1/4 kilog. de farine de diverses qualités, 12 kilog. de son, 5,4 de déchet et 6 1/4 kilog. de frais de mouture.

Froment. — Kretzmer estime que 100 kilog. de froment donnent 84 kil. de farine, 9 1/4 kil. de son, 6 3/4 kil. de déchet. Schwerz compte 75 kil. de farine ; Burger, 83 kilog. ; Veit, 79 kilog. de farine de différentes qualités ; 10 2/3 kilog. de son, 6 1/2 kilog. de prix de mouture, et de 4 à 4,5 de déchet. Des expériences faites à Esslingen, avec du froment de 1839, donnèrent 84 kilog. de farine, 8 3/4 de son.

Épeautre. — Avant la mouture, il faut le décortiquer. D'après Varnbühler, un sac d'épeautre, pesant 165 kilog., donne de 117 à 118 kilog. de grains et de 35 à 40 kilog. de balles. Schwerz, d'après ses tableaux d'expérience, admet trois qualités d'épeautre, et il estime que, en moyenne, 100 kilog. d'épeautre donnent 73 kilog. de grains, 24,3 kilog. de balles, 2,7 kilogr. de déchet. 100 kilog. de grains donnent de 83 à 90 kilog. de farine, de 9 à 15 kilog. de son, de 3 à 6 kilog. de déchet. Pour le ménage, il est nécessaire de distinguer les différentes qualités de farine : celle pour la fine pâtisserie, celle pour l'usage de la cuisine, celle pour le pain blanc ou bis, ainsi que la valeur relative de chacune d'elles.

Orge. — 100 kilog. d'orge ont donné, dans un

essai, de 70 à 79 kilog. de farine. Pour cet essai, on n'avait cependant pris pour base qu'une orge d'un poids assez léger ; de l'orge plus lourde rendra davantage.

b. Rendement en pain des grains et de la farine.

Pour le froment on admet que 3 kilog. de farine donnent 5 kilog. de pâte ; le seigle davantage, jusqu'à 6 kilog. de pâte. On admet quelquefois que 7 kilog. de pâte donnent 6 kilog. de pain ; d'autres fois, que 9 kilog. de pâte donnent 8 kilog. de pain. Enfin on veut que 3 kilog. de farine donnent tantôt 4 kilog. de pain, tantôt 4^k,5.

Cela ne doit pas étonner ; car la farine vieille donne plus de pain que la farine nouvelle. L'été, la farine donne plus de pain qu'en hiver, ce qui provient de la sécheresse de la saison. De la même quantité de farine on obtient, en poids, moins de pain par petites miches que par grosses miches. La farine de seigle donne plus de pain que celle de froment, etc. Voici des chiffres à ce sujet :

100 kil. de farine de seigle ont donné de 133 à 150 kil. de pain.

100 — de froment — 126 à 133

100 — d'épeautre — 122 à 150

100 — de petitépeautre — 138 à »

Souvent aussi on estime que

100 kil. de grain de froment donnent de 100 à 106 kil. de pain.
100 — — de seigle — 115 à 120
100 — — de petit épeautre — 116 à »
100 — — d'épeautre — 100 à 108

On ne peut pas apprécier exactement la quantité de farine qu'il faut par tête de domestique à gages. Cela dépend beaucoup du genre d'alimentation, et particulièrement de la distribution des repas. En Allemagne, on compte par domestique mâle de 4 à 6 kilog. de pain par semaine. Dans un domaine du bas Wurtemberg, on a constaté qu'il fallait, outre 5^k,64 de pain par semaine, 177 litres de farine pour la cuisine par an. Sur un domaine du Palatinat, outre 6^k,34 de pain, il fallait encore annuellement 53 kilog. de farine par tête. Parfois on distribue tous les jours aux domestiques la ration de pain ; alors ils peuvent le manger à volonté, et aux repas ordinaires on n'en met point sur la table. Dans le Wurtemberg, une telle ration journalière de pain est de 0^k,704 par personne. En France, où l'on mange beaucoup plus de pain, cette ration dépasse 0^k,935 dans certaines localités. Une personne reçoit 4,445^k,025 de pain par an, ou bien 1^k,122 par jour. Par contre, les mets farineux sont là en d'autant moindre quantité.

2° *De la viande.* — Il est rare que les domestiques reçoivent tous les jours de la viande ; on ne leur en donne ordinairement que deux à trois fois par semaine, tout au plus quatre fois. La ration par homme et par repas est de 0^k,233 à 0^k,350. La consommation annuelle, par tête, va de 24^k,805 à 71^k,785. Lors même que ce moyen d'alimentation serait plus coûteux, il n'est guère profitable de diminuer la ration habituelle du pays, d'abord parce que cela indisposerait les gens, et ensuite parce qu'il faudrait mettre aux autres mets d'autant plus de graisse ou de beurre. Sur certains domaines, où l'on nourrit les journaliers, on s'arrange à ne donner de la viande qu'une fois par semaine, et cela le dimanche, où les journaliers sont absents. Alors on donne 1/2 kilog. par personne, ou bien la moitié à midi et autant le soir. Ce n'est qu'exceptionnellement qu'il sera avantageux d'acheter la viande crue; d'ordinaire, on tue de temps en temps un porc nourri et engraissé pour cet objet, ou bien encore une pièce de bétail de ses étables, laquelle, quoique parfaitement saine, n'aurait cependant pas une haute valeur pour la vente. Ce qui n'est pas consommé frais est salé. Flotow admet que la moitié de la viande nécessaire soit salée; puis il compte 5^k,670 de sel et 0,036 kilog. de salpêtre par 100 kilog. de viande à saler. D'autres emploient jusqu'à 0,468 kilog. de salpêtre.

3° *Produits de laiterie.* — Dans les ménages de

la campagne, on se sert de ces produits soit frais, soit travaillés. Dans tel pays, on donne journellement, pour le repas du soir, du lait doux ou du caillé ; dans tel autre, on ne consomme pas de lait, mais du fromage et du beurre, lesquels sont, pour ainsi dire, inconnus pour la première contrée dont nous venons de parler. On estime le minimum de lait nécessaire par personne et par an de 110 à 129 lit., et le maximum de 300 à 385 lit. ; il faut compter, en outre, un minimum de beurre, frais ou fondu, de 10 à 14 kilog. Veit admet, pour la Bavière, une consommation, par personne, de 246 à 294 litres, en supposant qu'on donne du lait écrémé au moins une fois par jour, et que, plusieurs fois par semaine, on se sert de lait pour des mets farineux. Il estime aussi que, là où l'on consomme beaucoup de viande, il faut de 6 à 7 kilog. de beurre frais ou fondu par an ; et, lorsque les mets farineux dominent, on doit compter 11 à 13 kilog. de beurre ; il cite même un ménage où l'on dépense 22 kilog. de beurre par tête et par an. Sur des domaines isolés du Wurtemberg, c'est une estimation vulgaire, qu'il faut une vache pour subvenir au besoin total de lait, ie par quatre domestiques.

4° *Autres aliments*. — Chaque contrée a certains aliments de prédilection ; tels sont les pommes de terre, les choux, les navets, les pois, les lentilles, le millet, le sarrasin, le maïs. Les pommes de terre, aussi longtemps qu'elles sont mangeables, sont très-souvent, avec le lait, la nourriture régulière du soir; souvent aussi, celle du matin. Pendant qu'elles manquent, il faut avoir recours à des aliments plus coûteux. Aussi fait-on en sorte d'avoir de bonne heure des pommes de terre hâtives, afin de pouvoir commencer à en donner. D'un autre côté, on recherche des espèces qui se conservent, et on se précautionne de tous les moyens de faire durer cette consommation le plus longtemps possible. On donne, comme minimum par tête et par an, de 150 à 180 litres, et, comme maximum, de 5 à 6 hectolit. Là où l'on mange beaucoup de choux, notamment de la choucroûte, on admet de 35 à 40 têtes, et de grosseur moyenne, comme besoin annuel d'une personne. Il est difficile d'apprécier la consommation du jardinage, telle que salade, légumes verts et autres. Lorsqu'on veut faire une estimation de ce genre, on fixe ordinairement une somme d'argent. Flotow admet, par tête et par an, 620 litres de seigle pour pain, 550 à 600 litres de pommes de terre, 6,65 litres de froment pour gâteaux et semoule, 106 litres d'orge pour divers farineux, 6,65 litres d'avoine ou de sarrasin pour galettes, 6,65 litres de pois, 2,21 litres de mil.

5° *Du sel, du vinaigre, des épices et autres.* — On estime qu'il faut, par tête et par an, de 8 à 12 kilog. de sel. Là dedans se trouve compris tout le sel nécessaire pour la préparation des mets, pour la salaison de la choucroute, de la viande, du pain, le sel que l'on mange avec les pommes de terre, etc., etc. La consommation annuelle du vinaigre n'est souvent que de 2 litres, d'autres fois de 18 litres, par personne. Les épices se prêtent difficilement à une estimation quelconque.

Boissons.

Il est rare que les domestiques ne reçoivent que de l'eau pure; on leur donne au moins quelques spiritueux les jours de dimanche et de fête, comme aussi pendant les travaux extraordinaires. Généralement, ils ont d'abord la boisson que l'exploitation produit elle-même; ensuite on cherche à s'en procurer à bas prix. Dans les pays vignobles, les ouvriers reçoivent journellement de 1 à 2 litres de petit vin. Dans les contrées agricoles, ils reçoivent souvent 1/2 ou 3/4 de litre de vin par jour. Du reste, c'est généralement du cidre, que l'on fait aussi dans les pays vignobles. En France, dans certaines exploitations, chaque ouvrier reçoit annuellement 90 litres de vin à 35 c. le lit., et 4 à 5 hect. de cidre à 10 c. Dans quelques pays vignobles, on compose encore une boisson pour les ouvriers en répandant de l'eau sur les marcs de pressoir qu'on laisse de nouveau fermenter.

Dans les pays à cidre, un ouvrier mâle reçoit, d'ordinaire, journellement de 0,459 à 0,688 litres l'hiver et 0,819 litres l'été ; une femme, toute l'année, 0,459 litres de cidre par jour. Pendant la moisson, la ration journalière augmente et monte jusqu'à 1,837 et 2,755 litres. Outre cela, il n'est pas rare que les domestiques qui rentrent le foin et les gerbes reçoivent, à chaque voyage, de 0,228 à 0,459 litres. En moyenne, on peut estimer qu'il faut annuellement à un domestique de 300 à 350 litres de cidre. Il faut, en outre, mettre en ligne de compte, pour les travaux faits pendant les froids, pour les charrois de bois, etc., etc., quelques suppléments en eau-de-vie. Quelquefois, on fait encore une boisson, pour les domestiques, en versant de l'eau sur le marc de cidre ; on appelle cela de la piquette, et on peut évaluer l'hectolitre de 2 fr. 15 à 2 fr. 95.

Dans les pays à bière, et notamment sur les domaines où existent des brasseries en grand, les ouvriers reçoivent ou de la petite bière, ou de la bière blanche. La ration ordinaire est de 1,837 lit. par jour. Pendant le temps de la moisson, cette ration est de 3,67 litres ; la ration d'une femme est toujours la moitié de celle d'un homme. S'il n'existe point de brasserie, on ne donne, dans ces pays, lors des grands travaux, tantôt que la quantité ci-dessus de bière blanche, tantôt de l'eau-de-vie. Enfin il existe des pays où on ne donne que de l'eau-de-vie, de 0,56 à 0,286 de litre par homme et par jour.

Chauffage.

Il faut du combustible pour préparer les aliments, pour le chauffage des habitations, pour les lessives et pour la cuisson du pain. Le chauffage est en raison de la grandeur des pièces, d'un plus ou moins bon système de chauffage et du climat. Makensen compté, pour une pièce d'habitation, 7,62 stères de bois de hêtre; Flotow, pour les appartements du cultivateur et de sa famille, 10,158 st. de sapin; pour la chambre des domestiques, 10,835 stères. Schmalz, pour cette dernière pièce, pour le climat de la Prusse de l'est et de la Lithuanie, compte 20,316 stères de bois dur, ou 33,860 stères de sapin; autant pour une salle commune et pour les appartements du cultivateur et de sa famille. Veit prend pour base une famille de dix à quinze personnes, pour laquelle cette quantité est à peu près la même, et il compte, pour la cuisine, pour la buanderie et pour le four, de 9,312 à 15,217 stères de sapin; pour la pièce de domestique, de 15,217 à 22,009 stères du même bois; au total, de 39,785 à 62,641 stères. En moyenne, pour tout, 50,790 stères; soit, par personne, environ 5 stères.

Comme, à la campagne, on se sert de tant de matériaux différents de combustible, il est nécessaire de connaître la valeur intrinsèque de chacun de ces matériaux.

Nous allons prendre les chiffres de Pfeil. Voici comment il estime la puissance calorifique des diverses espèces de bois, en prenant le hêtre pour unité :

Le hêtre	100
Le charme, l'érable	100
L'orme	90
Le bouleau	85
Le chêne	84
Le sapin ordinaire	83
Le mélèze	76
Le pin maritime	73
Le sapin du Nord	69
Le tilleul	68
Le tremble	61
L'aune	52
Le peuplier et le saule	50

Une corde de bois wurtembergeoise, de 144 pieds cubes, a, en terme moyen, 100 pieds cubes de solidité, laquelle doit seule être prise pour base des calculs de la puissance calorifique, quelle que soit l'espèce de bois que l'on essaye.

1 corde de bois en bûches unies a jusqu'à. . . 110 c. de solidité.
1 corde de bois en bûches moyennement unies
  a jusqu'à. 100
1 corde de bois raboteux, noueux a jusqu'à. . 90
1 corde de rondins forts et unis, droits? a jusqu'à. 90
1 corde de rondins faibles et unis a jusqu'à. . 80
1 corde de rondins raboteux et faibles a jusqu'à. 70
1 corde de bois de souches a jusqu'à. . . . 63

Du reste, les prix du marché ne sont nullement en rapport avec la valeur intrinsèque du bois. Diverses circonstances, notamment les frais de transport, l'emploi pour un but déterminé et autres faits de ce genre, apportent des modifications. Le même poids de bois, de quelque essence qu'il soit, a, au même degré de dessiccation, à peu près la même puissance calorifique. Le chêne seul fait ici une exception, parce qu'il ne brûle pas aussi vivement. Ainsi ce n'est que lors d'une consommation à grand feu, par exemple dans les distilleries, que le bois de chêne répond à la puissance calorifique indiquée par son poids.

La tourbe est si différente dans sa qualité, qu'il faut compter de 3,000 jusqu'à 50,000 briques, pour équivaloir à une corde de bois de hêtre en bûches, quant à la puissance calorifique. Des essais de tourbe faits avec de la tourbe en briques de Schoploch ont démontré qu'il fallait 4,000 briques pour répondre à 3,386 stères de bon bois de hêtre flotté, ou 4,500 briques pour 3,386 stères de bois de hêtre amené par terre ; or 1,000 briques de cette tourbe pesent 350^k,553 ; 4,000 à 4,500 briques pesent donc à peu près autant que les 3,386 stères de hêtre en bûches. Hartig donne un petit tableau de la différence de la puissance calorifique de la tourbe ; il prend pour unité 46^k,740 de bois de sapin ordinaire.

	kil.
Sapin ordinaire.	46,740
Tourbe de première qualité.	46,740
Tourbe de bonne qualité.	48,425
Tourbe de troisième qualité.	70,111
Tourbe de dernière qualité.	77,589

Charbon de terre. — Ce combustible est très-précieux pour l'industrie, pour les maréchaux et parfois pour des usages domestiques ; car 729^k,450 de bon charbon équivalent, en puissance calorifique, à 3,386 stères de bois de hêtre flotté ; 826^k,370 équivalent à 3,386 stères de bois de hêtre voituré ; 583^k,320 à 634^k,930 équivalent à 3,386 stères de bois de sapin. Donc 0^k,467 de bon charbon de terre chauffent à peu près autant que 0^k,934. A Stuttgard, 1 quintal de charbon de terre de cette qualité, du poids de 48^k,610, revient à peu près de 2 fr. 80 à 2 fr. 87 c., et le poussier de charbon à 2 fr. 58 c. Lorsqu'on veut se servir du poussier pour les poêles, il faut en former des boules avec une légère addition de glaise ; on obtient alors le tirage nécessaire, et la chaleur est concentrée plus longtemps dans le poêle. Une des qualités précieuses du charbon de terre est de pouvoir être conservé partout, même dans les locaux les plus humides, et d'occuper peu de place, puisque 1 quintal de charbon, du poids de 48ᵏ,610, tient à peu près l'espace de 0 mèt. cub. 044; donc à peu près le quart de l'espace nécessaire pour le bois de hêtre et le sixième de l'espace nécessaire pour le bois de sapin.

Eclairage.

Dans les ménages de campagne, on se sert presque toujours d'une lampe. Cette lampe, d'après des essais faits avec soin, consomme, par heure, environ 0ᵏ,007 d'huile. Mais, si l'on prend en considération les pertes inévitables qui résultent des dépôts du coulage, des accidents, on peut compter, en pratique, une consommation de 0ᵏ,14. En somme, on admet qu'il faut environ 0ᵏ,467 d'huile de navette pour 64 heures, d'autres disent 72 heures. On peut évaluer à 4 heures par jour le temps du service d'une lampe pendant les mois d'août, de septembre, octobre; à 6 heures 5 pendant les mois de novembre, décembre et janvier; en février, mars, avril, de nouveau à 4 h.; et on ne comptera rien pour les mois de mai, juin et juillet. On aura donc 183 jours à 4 heures, ou 732 heures; 91 jours à 6 h. 5, ou 594 heures; au total, 1,323 heures. Donc journellement 3 h. 6, et annuellement une consommation de 9ᵏ,349 d'huile par lampe. Une lampe bien établie, bien soignée et pourvue de bonnes mèches ne demandera que 7 à 7ᵏ,500. Si l'huile est dilapidée, il faudra plus de 11 kilog. Le prix du kilogramme d'huile de navette est, en moyenne, de 1 fr. L'entretien d'une lampe coûtera donc en minimum, par an, 7 fr. 50 c., au maximum 11 fr., et en moyenne, par an, 9 fr. 25 c. Suivant le nombre de personnes, il faudra, pour la chambre des domestiques, pour la cuisine, la buanderie, une ou deux lampes allumées; l'éclairage des écuries est compté à part. Là on compte, en moyenne, 3 heures d'éclairage par jour, ou annuellement 7ᵏ,878 à 8ᵏ,413 d'huile, montant à peu près à la somme de 8 francs. Cet éclairage est porté au compte des écuries et non à celui du ménage. Il en est de même des industries accessoires, s'il y en a dans l'exploitation. Flotow, sans autre explication, compte annuellement, pour la chambre des domestiques, de 9ᵏ,185 à 11ᵏ,022 d'huile de navette; pour la cuisine, même quantité; pour la buanderie et la cuisson du pain, 5ᵏ,511; de plus, pour le cultivateur et sa famille, 45 kilog. de chandelles.

Par suite de diverses observations comparatives, on a trouvé que la durée du feu était dans les proportions suivantes :

kil.

0,058 d'huile de pavot brûlent. . . . . 15 heures 48 minutes.
— d'huile de soleils brûlent. . . . . 14 — 8 —
— d'huile de navette brûlent. . . . 12 — 36 —
— d'huile d'olive brûlent. . . . . 11 — 4 —
— de chandelles de suif pur de moutons brûlent. . . . . 7 — 24 —

Dans ces expériences, toutes les mèches étaient de même qualité; mais l'essai n'a été fait qu'en petit, et une application en grand pourrait apporter de grandes modifications.

Veit donne une autre liste d'expériences qui doit se rapporter à l'éclairage avec des lampes ordinaires.

kil.

0,058 huile de pavot brûlent. . . . . . 14 h. » m.
— huile de fleurs de soleils. . . . . 13 — »
— huile de navette. . . . . 11 — 5 —
— huile de moutarde. . . . . 11 — »
— huile de lin. . . . . 10 — » —
— huile de cameline. . . . . 9 — 5 —
— huile d'olive. . . . . 9 — 5 —
— huile de noix. . . . . 9 — » —
— huile de faine. . . . . 9 — » —
— huile de chènevis. . . . . 8 — » —
— de suif. . . . . 10 — 5 —

Du reste, il n'admet que 0\,467 huile de navette pour 72 heures d'éclairage.

Souvent le cultivateur fait fabriquer lui-même son huile; il est donc bon de connaître les dépenses auxquelles cette fabrication entraîne. Ces frais montent, pour une mesure de 22 lit. 53 de graine

de navette, à 86 c., et se calculent ainsi qu'il suit :
pour extraire l'huile de 22 lit. 153 de graine de
navettes, on paye, en argent, 54 c., et les pains
appartiennent à l'huilier. Les 22 lit. 153 rendent
huit pains qui valent 30 c.; si donc on voulait
garder les pains, on aurait à payer à l'huilier, pour
une mesure de 22 lit. 153 de graine de navette,
85 cent.

Pour pressurer une mesure de 22 litres 153
de graine de lin, on paye, outre l'abandon des
pains, 22 centimes. Si on veut emporter ces pains,
il faut payer pour chacun 07 centimes; donc, pour
pressurer 22 lit. 153 de graine de lin, on a une
dépense de 95 c.

Autres dépenses concernant un ménage.

D'après Veit, pour un ménage de 10 à 15 têtes,
il faut annuellement, pour les lessives, de 3ᵏ,272
à 4ᵏ,67 de savon, 24ᵐ,990 de toile de grosse
étoupe pour torchons; pour balayer, 52 balais.
D'après Flotow, il faut, pour l'entretien des ustensiles de ménage, par personne et par an, pour
vases en terre 3 fr. 77 c.; pour meubles de ménage, travaux de menuiserie, 2 fr. 50 c.; en ustensiles de cuivre, fer-blanc, cuivre jaune, verre-
rie, 1 fr. 86 c.; pour étoffes de literie et lingerie,
2 fr. 50 c.; pour travaux de serrurerie, 1 fr. 50 c.
Mathéus ne compte, pour l'entretien et l'usure des

lits, du linge, des étoffes filées, des ustensiles de cuisine et meubles de ménage, que le huitième de leur prix d'achat. Flotow évalue à 1 fr. 55 c., par an et par tête, les soins donnés aux domestiques malades. Ailleurs, cet article monte de 3 fr. 20 c. à 4 fr. 30 c. Cela dépend, du reste, tout à fait des conventions faites, c'est-à-dire si on s'est chargé et des visites du médecin et des frais des médecines. Beaucoup de cultivateurs s'en chargent totalement sous la condition expresse que les domestiques se passent de tous les autres moyens de guérison, et se soumettent sévèrement aux prescriptions du médecin. Plusieurs autres dépenses trouveront encore leur place dans le résumé général.

RÉSUMÉ DES DÉPENSES D'UN DOMESTIQUE MALE.

Toutes les mesures étrangères sont réduites en mesures wurtembergeoises.

HOHENHEIM, DE 1825 à 1827.		PABST, ANNÉE 1834.		VELT, 1838, SURTOUT POUR LA SAVOIE.	
Nourriture.	f. c.				f. c.
75 lit. 984 épeautre....	26 15	487 lit. 374 grains au moulin....	47 40	433 lit. 067 seigle....	34 48
92 lit. 733 seigle....	13 42	165 lit. 840 grains pour de la farine blanche, pour la cuisine....	21 54	221 lit. 533 froment....	25 56
32 lit. 920 orge....	6 46			443 lit. 057 pommes de terre....	5 17
37 lit. 661 haricot....	2 43	487 lit. 374 pommes de terre....	10 35	Légumes....	4 31
3 lit. 154 pois....	32	Choux et autres légumes.	6 46	84 kil. 132 viande de bœuf....	43 09
2 lit. 769 lentilles....	27	24 kil. 565 de viande....	14 95	5 kil. 61 viande de veau.	2 50
21 lit. 153 pommes de terre....	8 86	7 kil. 011 beurre fondu et huile....	8 07	8 kil. 845 de beurre....	10 34
Choux blancs, légumes de jardins et autres aliments....	7 53	36 lit. 740 de lait doux..	2 86	270 lit. 039 de lait écrémé....	8 97
3 kil. 468 viande....	16 70	880 lit. 660 de laitécrème pour manger et pour fromages....	9 70	9 kil. 845 sel....	2 48
3 kil. 739 graisse de porc....	4 31	Du sel et épiceries....	6 46		
4 kil. 21 de lait à demi-écrémé....	5 87				
32 lit. 267 de lait à demi-écrémé....	5 19				
2 kil. 152 sel de cuisine.	3 73				
8 lit. 370 vinaigre....	1 43				
Épices et épiceries....	1 90				
	96 55		127 77		137 20

HOHENHEIM, DE 1825 A 1827.		PABST, ANNÉE 1834.		VEIT, 1836, SURTOUT POUR LA BAVIÈRE.	
Boissons.					
	T. c.		f. c.		f. c.
336 lit. 171 cidre	26 56	110 lit. 220 eau-de-vie, à 54 centimes.	32 33	192 lit. 885 bière blanche à orge.	6 46
				3 lit. 674 eau-de-vie, à 43 centimes.	0 85
	26 36		32 33		7 32
Éclairage et chauffage.					
0 kil. 701 huile à brûler, comme contingent à l'éclairage.	» 65	Luminaire et bois.	10 77	A peu près 1 kil. 636 huile à brûler, à 50 c. .	1 72
Briquets, allumettes, etc., et mèches.	» 14			6 stères 264 bois de sapin pour la cuisine, la lessive et le poêle chambre commune.	21 55
1 stère 693 de bois à brûler pour la cuisine et la pièce commune.	12 93				
	13 72		10 77		23 27
Vaisselle en terre.	» 75	Batterie de cuisine, literie, blanchissage du linge de table et de lit.	8 62	Blanchissage du linge et autres objets.	1 18
Entretien et usure des meubles de la maison et du ménage, des ustensiles de cuisine et de cuisson, et objets en cuivre, fer-blanc et cuivre jaune, verre, et bois.	3 37			Réparations des ustensiles.	8 63
Entretien et usure de la literie et de la lingerie.	4 31			Réparat. des bâtiments.	4 31
Intérêts à 6 pour 100 du capital renfermé dans les objets du ménage; à 65 fr. par tête.	3 87			Des petits besoins de maison, de ménage.	» 72
	12 30		8 6.		14 84
Déboursés pour le médecin et la pharmacie.	4 23	Il n'y a rien de compté ici pour cet objet.		Soins donnés aux domestiques malades.	3 22
La quote-part pour l'entretien d'une cuisine et trois servantes.	21 83	Rien de compté.		Quote-part pour l'entretien d'une cuisinière qui suffit pour dix personnes.	25 06
	26 06				28 28
TOTAL.	174 99		179 49		210 91

D'après cela, les dépenses ont monté à Hohenheim, par jour et par tête, à 48 c.; d'après Pabst,
il faut 49 c., et, d'après Veit, 57 c. Mais, si l'on

prend en considération le bas prix des céréales,
de la viande et du bois qui ont servi de base aux
calculs de Hohenheim, et si l'on complète, dans
le résumé de Pabst, les dépenses non mentionnées,
on trouvera que les trois comptes généraux se rapprochent au point d'être à peu près d'accord. Cependant on ne doit pas oublier que, si les 172 et
quelques francs suffisent dans des années favorables, des années calamiteuses peuvent suivre, où il
faudra jusqu'à 230 et 240 fr. (1).

ORGANISATION DU MÉNAGE.

Dans cette organisation difficile et compliquée,
deux méthodes se présentent : ou bien le cultivateur a le ménage sous sa propre direction, de manière que celui-ci est conduit, dans tous les
détails, directement au compte de l'exploitation ;
ou bien on établit, pour cet objet, un restaurateur. La conduite directe du ménage par le chef
convient surtout aux petites propriétés, dans lesquelles la nourriture des domestiques peut se préparer en commun avec celle des maîtres ; et c'est
principalement le cas, lorsque la femme de

---

(1) Dans les circonstances économiques actuelles, année 1849,
nous devons estimer, en France, la moyenne générale de tous ces
frais à 280 fr. par tête et par an.   J. R.

l'administrateur du domaine, que celui-ci soit propriétaire, fermier ou régisseur, est en état de
présider à cette occupation avec connaissance de
cause, avec inclination, avec patience et avec persévérance. Il est certain que c'est dans cette combinaison que la nourriture revient le moins cher,
car on garde pour soi tout le bénéfice que doit nécessairement retirer un restaurateur de son industrie. Si la femme du cultivateur a les qualités indispensables que nous venons de mentionner, il y
aura même avantage, sur de grands domaines, à
tenir soi-même son ménage. Cependant, dans ce
cas, les occasions de malversations, de vols seront plus fréquentes, et le contrôle plus difficile.
Mais ces inconvénients se font surtout sentir lorsque la femme du cultivateur, soit par sa position
sociale, soit par une éducation opposée, soit par
antipathie, soit par mauvaise santé, ne peut pas
ou ne veut pas se mêler des détails de cette occupation si difficile et si pénible. Lorsque cette économie de tous les instants répugne à la maîtresse
de la maison, ou lorsqu'il n'y a point de maîtresse
et que tout est forcément abandonné à une ménagère, alors, il faut le dire, le ménage dévore tous
les bénéfices de la culture; car il est extrêmement
rare de trouver, à n'importe quel prix, une ménagère expérimentée, active, probe, honnête, qui
saura toujours prendre un juste milieu entre une

parcimonie sordide et la profusion. Dans ce cas, les pertes dépassent le profit qu'on aurait laissé à un restaurateur, et les contrariétés n'ont point de fin. Voilà pourquoi la méthode de traiter à forfait, pour les dépenses de ménage avec un restaurateur, se répand de plus en plus, surtout dans les pays où les demoiselles ne reçoivent pas, dès leur tendre jeunesse, une éducation dirigée vers ce but, ainsi que sur les domaines dirigés par un gérant non marié. L'aide que l'entrepreneur aura choisi devra cependant avoir toutes les qualités d'une bonne ménagère; mais cela se trouve alors plus facilement, car cet aide, qui a traité à forfait, a son existence attachée à une bonne entente de la chose. Tout son temps, du reste, est consacré exclusivement à cette occupation ; et, si c'est une nécessité pour lui d'être économe et de ne pas donner plus qu'il ne doit, la surveillance du maître le force à ne pas donner moins. Quelles que soient les difficultés qui peuvent survenir, elles n'ont pas une influence directe sur la marche de l'exploitation. Pour que le restaurateur et sa famille puissent gagner leur vie, il est sans doute nécessaire que le ménage ait une certaine importance; cependant il y a aussi, pour de petits domaines, des expédients. Tantôt on permet au restaurateur de servir aussi des étrangers, tantôt il joint à sa cuisine un autre état, profitable, sous d'autres rapports, à l'exploitation, tel que celui de sellier, de charron, de boucher, etc. Depuis 1829, il existe à Hohenheim, une pension de ce genre pour les apprentis cultivateurs et les domestiques. Les conditions qui ont été renouvelées en avril 1838 sur des bases connues peuvent donner une idée pour un semblable arrangement. L'alimentation prescrite est ainsi qu'il suit : au déjeuner, soupe et pommes de terre; au diner, soupe, légumes, et trois fois par semaine de la viande, 0^k,2335 par tête; au souper, soupe, pommes de terre et lait caillé. Le dimanche, au souper, de la soupe, de la viande et de la salade; les jours de fête, de la viande à midi et le soir. Outre cela, tous les jours 0^k,700 de pain, composé de 2/3 d'épeautre et de 1/3 de seigle.

Le restaurateur est tenu de chauffer et d'éclairer la chambre des domestiques, d'entretenir propres les locaux à lui cédés, de les faire blanchir tous les ans, et de se charger des petites réparations. Aussi longtemps que, à Stuttgard, la miche de pain blanc d'épeautre de 2^k,80 coûte 54 c., le restaurateur est payé, pour cette nourriture, 50 centimes par jour et par tête; la hausse ou la baisse du pain, à Stuttgard, lui occasionne une augmentation ou une diminution équivalente.

Ainsi, la pension de table étant cotée à 50 c. par jour, on paye par an et par tête 182 fr. 50 c.

Les frais de gestion du ménage, le chauffage, la location de la maison et celle du mobilier sont compris là dedans. L'administration a conservé à sa charge la literie, le blanchissage, le médecin, les médicaments et la boisson ; celle-ci consiste en lit. 0,918 de cidre par jour ; la mesure de 1 lit. 837 coûte de 14 à 28 c., suivant le prix des fruits. Sur un domaine du bas Wurtemberg, où ce système est rigoureusement suivi, le restaurateur est aussi tenu de donner le coucher aux pensionnaires : ceux qui couchent tous les jours chez lui, tels que les bouviers et vachers, payent par mois, par lit, 54 c.; ceux qui ne couchent pas régulièrement payent, par nuit et par lit, 7 c. Tous les deux mois, le restaurateur met aux lits du linge blanc. Sur un autre domaine, on paye au restaurateur 12 fr. 93 c. par an par lit de domestique.

Section deuxième.

LE TRAVAIL DES ANIMAUX.

Les bêtes de trait habituellement employées dans l'agriculture de l'Allemagne sont les chevaux, les bœufs, les vaches, les taureaux ; si on ne leur fait faire qu'une attelée par jour, ce qui exige plus d'animaux de travail, on se sert d'attelages de rechange.

Il est souvent d'une haute importance, pour
le succès d'une exploitation, de donner la préférence à telle ou telle espèce ; il faut sévèrement
étudier pour cela les circonstances locales.

Les chevaux et les bœufs comparés.

Pour simplifier et préciser la question de savoir
auxquels, des uns ou des autres, on doit accorder
la préférence, il faut

1° Ne comparer que de bons bœufs avec de bons
chevaux ;

2° Supposer que les bêtes sont nourries à l'é-
curie ; par conséquent, qu'aucune des espèces
n'est conduite au pâturage ;

3° Exclure de l'examen les bœufs de rechange ;

4° Séparer les points de comparaison incontes-
tables, et généralement admis, de ceux qui sont
douteux.

On regarde comme généralement admis les
points suivants :

1° Pour les travaux ordinaires de culture, les
bœufs sont aussi bons que les chevaux. Si on accorde la préférence aux derniers pour les hersages,
par contre on aime souvent mieux les bœufs pour
les labours, du moins en terre compacte ou rocail-
leuse. Dans tous les cas difficiles, les bœufs ont
l'avantage d'un tirage doux et uniforme, qui mé-

nage les instruments aratoires, souvent brisés par les coups de collier des chevaux. Il est vrai aussi que les chevaux se tireront mieux que les bœufs d'un sol mou, sablonneux ou tourbeux. On peut donc admettre que, sous ce rapport, les avantages et les inconvénients des uns sur les autres se compenseront à peu près.

2° Le cheval doit être préféré pour tous les travaux qui demandent une certaine délicatesse ; par exemple, pour conduire un semoir, une houe à cheval, un buttoir entre les lignes des plantes.

3° Dans les moments de presse, où il importe beaucoup de saisir le moment favorable, comme la moisson, le cheval est plus utile.

4° Pour de longs charrois, de mauvais chemins, dans les temps très-chauds et très-froids, le cheval vaut mieux : il compte plus de journées de travail par an ; mais il faut dire que quelques praticiens vantent, sous ce rapport, le mérite du cheval outre mesure, en refusant aux bœufs la faculté de conduire sur une grande route une voiture chargée à un marché distant de 15 kilom.; puis ils les déclarent impropres à tout service pendant la moindre gelée et même pendant tout l'hiver. Ceci est un préjugé et n'a pas de fondement, si on possède de bons bœufs et si on a soin de les faire ferrer.

On estime les journées d'un cheval tantôt à 250,

tantôt à 300, en moyenne à 275; celles d'un bœuf, tantôt à 150, tantôt à 210, en moyenne à 180 jours par an. Pabst, par exemple, retranche pour le cheval 60 journées pour dimanches et fêtes, et 20 journées de repos en hiver et en mauvais temps, de manière qu'il reste 285 journées de travail, tandis qu'il ne compte aux bœufs que 200 journées. A Hohenheim, la chose se présente tout autrement ; car, en

1832	chaque cheval a travaillé	233 journées ;	chaque bœuf	219
1833	—	216	—	227
1834	—	229	—	232
1835	—	246	—	201
1836	—	245	—	242
1837	—	228	—	232
1838	—	223	—	214
1839	—	256	—	251
1840	—	227	—	225

Pour comprendre le déficit de 1835, il faut savoir qu'une longue maladie aux sabots a nui aux bœufs pendant cette année ; ensuite, pour expliquer ce résultat général de l'exploitation de Hohenheim, on doit faire observer que, d'un côté, les juments poulinières, qui composent les chevaux de labour, exigent quelque ménagement sur la fin de leur gestation et au commencement de l'allaitement, et que, d'un autre côté, on habitue souvent au travail de jeunes chevaux, dont, bien entendu, on ne peut et on ne doit pas exiger un travail forcé; mais enfin on y voit ce que l'on peut attendre des bœufs. Il est bien entendu, du reste, que, pour les chevaux comme pour les bœufs, on ne peut pas compter sur autant de journées de travail sur une terre argileuse que sur une terre légère.

5° Les chevaux, dans le même temps, font plus de travail que les bœufs ; il y a des praticiens qui admettent un tiers en plus, d'autres un quart. Cette diversité d'opinion provient de ce que des laboureurs actifs savent habituer les bœufs à une marche accélérée, qui n'est guère inférieure à celle des chevaux ; d'autres se contentent de suivre le pas volontaire des bœufs. Il résulte de là que, dans la première supposition, 8 chevaux, et dans la deuxième 9 chevaux, font autant de travail que 12 bœufs, ce qui entraîne une autre distinction, par suite du nombre nécessaire de conducteurs.

6° Les chevaux sont plus convenables que les bœufs pour divers services accessoires. Indépendamment des travaux de l'exploitation, on s'en sert pour la selle ou comme attelage à une voiture de maître ; ce dernier service est quelquefois fort utile dans les petites exploitations de paysans. On dit aussi que le cheval est utile en temps de guerre; il reste à savoir si, dans ce cas, c'est un avantage pour le cultivateur.

7° La valeur des chevaux diminue promptement ; celle des bœufs, au contraire, ne diminue aucunement, si on ne les surcharge pas et si on les entretient bien. Le cheval est plus facilement surmené et est sujet à plus de maladies et d'accidents, ce qu'il faut toujours prendre en considération lorsqu'on établit des calculs. Les moindres défauts de beauté ou de conformation nuisent essentiellement à sa valeur vénale, tandis que ces mêmes défauts sont souvent indifférents chez le bœuf.

8° Le harnachement des bœufs coûte beaucoup moins d'achat, d'entretien et d'intérêt que celui du cheval ; il en est de même de la ferrure.

9° Les bœufs profitent dès qu'ils ne travaillent pas, et alors on peut les vendre avec avantage et les remplacer par d'autres ; cet échange n'est pas aussi facile à faire avec les chevaux.

10° Les bœufs donnent plus de fumier et un fumier qui convient à la plupart des terres et des plantes, tandis que le fumier de cheval ne convient pas partout.

Si cette comparaison suffit pour décider le choix dans de grandes exploitations, il nous reste un avantage à signaler en faveur des bœufs dans de petites exploitations. En effet, très-souvent ces petites exploitations pourront facilement occuper une paire de bœufs, mais nullement une paire de chevaux ; les bœufs auront donc là la préférence

Il n'y a guère d'exception à cela que dans les localités où quelque paysan, petit cultivateur, trouve à faire, avec ses chevaux, des charrois, des commissions, à tirer enfin un parti nouveau de son attelage.

Il n'y a, pour ainsi dire, aucune comparaison possible pour le capital d'achat, les soins et l'alimentation. Les frais d'acquisition pour les chevaux sont souvent considérables ; ils dépassent, en général, ceux des bœufs : cela n'arrive cependant pas toujours, lorsqu'on ne recherche aucun luxe avec les chevaux et qu'on s'en tient à de rudes animaux de travail. Si l'on admet, par exemple, que 4 chevaux rendent autant de service que 6 bœufs, et que chaque cheval coûte fr. 258, tandis que chaque bœuf aura coûté fr. 172, le prix d'achat et l'intérêt seront les mêmes pour les deux. Le même calcul peut s'appliquer aux hommes chargés des animaux ; un charretier, à la vérité, a des gages plus forts qu'un bouvier, mais la dépense de table est la même, et, comme cette dépense est, pour beaucoup, la plus forte, le résultat peut être le même, si le charretier a fourni plus de travail que le bouvier, ce qui arrive souvent. Quant à l'alimentation, un cheval pris isolément coûtera plus cher à nourrir qu'un bœuf ; mais, dans bien des contrées, trois bœufs coûteront autant à nourrir que deux chevaux. D'ordinaire, on n'admet dans la ration des chevaux que le foin et l'avoine, et l'on part de là pour citer, en faveur des bœufs, qu'ils consomment toute espèce de fourrages moins coûteux ; mais cette appréciation est devenue complétement erronée, depuis qu'on a appris à nourrir les chevaux plus économiquement qu'autrefois avec des fourrages verts, des racines et autres aliments.

Les chevaux savent aussi se contenter, au besoin, de foin dur et acide ; ainsi la question dépend de beaucoup de circonstances accessoires. On avance quelquefois que, avec les chevaux, on peut se livrer à la spéculation des poulains; d'autres disent que, avec les bœufs de trait, il est souvent difficile de se procurer des bouviers, qu'on ne trouve pas aussi aisément que les charretiers; mais ce cas est entièrement local, et il y a de grands pays à bouviers comme il y a des pays à charretiers. Souvent un cultivateur a des connaissances spéciales et un savoir-faire particulier pour l'éducation des chevaux et le maquignonnage, et pour cette raison il donnera la préférence aux chevaux snr les bœufs, puisque avec ceux-là il saura gagner davantage par les spéculations. Mais ces qualités sont si rares, que la difficulté des achats et des ventes de chevaux, comme aussi l'attention toute particulière qu'exige leur traitement, sont précisément une raison de plus, pour la plupart des cultivateurs, de donner la préférence aux bœufs.

Attelages de bœufs de rechange.

Si, dans une exploitation où l'attelage simple est en usage, on fait travailler les bœufs de cinq à dix heures le matin et d'une à six heures de l'après-midi, lorsque l'on a des attelages de rechange, on fait travailler les uns de cinq à onze heures le matin, et les autres de midi à sept heures après midi. Les avantages de cette disposition sont les suivants :

1° Quatre bœufs de rechange font plus, dans un jour, que deux bœufs d'un attelage simple, non-seulement parce que ceux-là réunis ont plus d'heures de travail, mais aussi parce qu'ils conservent mieux leurs forces. Pour neuf paires de bœufs d'attelages simples, il faudra douze paires d'attelages de rechange.

2° Si, avec des attelages simples, on veut employer des journaliers, ils seront inoccupés entre les attelées, ou bien il faudra les occuper ailleurs; tandis que, avec des bœufs de rechange, ils pourront continuer le même travail. Ceci prend surtout de l'importance aux époques où il faut joindre des travaux manuels aux travaux d'attelage, comme à la plantation et à l'arrachage des pommes de terre, à l'enfouissement des fumiers.

3° Comme les bœufs de rechange ont plus de repos pour leurs repas, dans l'intervalle de leurs attelées, on peut leur faire consommer beaucoup de nourriture d'une qualité moindre ; tandis que les bœufs d'attelages simples, qui reprennent plus souvent le joug et qui fatiguent, par conséquent, davantage, doivent recevoir une nourriture plus choisie pour réparer promptement leurs forces.

4° Les bœufs de rechange se conserveront mieux en chair, et, s'ils sont destinés à être engraissés pendant l'hiver, on les aura déjà bien préparés pour cet engraissement.

5° Les frais de harnais des bœufs de rechange ne sont pas beaucoup plus élevés que ceux des attelages simples, quoique l'usure des premiers soit un peu plus prompte.

6° A l'époque des courtes journées ou dans un moment de presse, on peut étonnamment accélérer le travail en employant les attelages de rechange comme attelages simples.

Attelages de vaches.

Les vaches ne sont pas à dédaigner pour le travail ; cependant, comme on les entretient principalement pour le lait et que ce produit continue sous le harnais, elles sont les bêtes de trait qui reviennent au meilleur marché. Si on s'en sert

avec mesure et qu'on les ménage pendant les grandes chaleurs, elles ne diminuent pas sensiblement
de lait ; mais il faut alors augmenter un peu leurs
rations de nourriture, ce qui est d'autant plus
juste, qu'elles rapportent double bénéfice. Si elles
sont bien dressées, elles exécutent les travaux
aussi bien que les bœufs, et ont généralement le
pas plus accéléré. Elles n'ont, sans doute, pas la
force ni la durée des bœufs; aussi conviennent-elles
mieux pour un sol léger et facile que pour une
terre forte et tenace. Nonobstant ces qualités, on
ne peut pas les recommander comme seules bêtes
de trait dans une grande exploitation ; une exploitation de ce genre a besoin d'un travail constant,
sévèrement réglé, et cette régularité ne peut pas
toujours exister avec les vaches. On ne peut les
atteler à l'approche du vêlage, et il peut arriver
que, précisément à l'époque des grands travaux,
plusieurs vaches aient besoin de repos ; cette in-
terruption a encore pour conséquence de déshabi-
tuer les vaches du travail, et c'est une peine périodique de les former de nouveau. Les vaches exigent,
de plus, des ménagements et des soins hygiéniques
que, d'ordinaire, les domestiques et les journaliers
n'ont pas ; qu'on ne peut pas, non plus, demander
à des entrepreneurs, comme on le comprend bien.
Le paysan seul, qui conduit des vaches à lui appartenant, peut tirer tout le parti réel d'un attelage

de vaches. On a rarement l'occasion d'acheter des
vaches dressées, et ce travail convient mieux aux
petites exploitations qu'aux grandes; aussi ce genre
d'attelage est surtout à recommander dans les petites exploitations, où il ne vaudrait pas la peine
d'avoir une paire de bœufs ou même une paire de
chevaux. Dans une semblable position, il faudrait
louer un attelage, ce qui non-seulement est coûteux, mais encore souvent tout à fait impossible,
parce que l'on se trouve trop dans la dépendance
de celui à qui appartient l'attelage; dans ce cas,
les vaches vous tirent d'affaire. Quelquefois on
emploie avec avantage des vaches, sur de grandes
exploitations, pour la rentrée des fourrages verts;
c'est l'emploi le plus favorable. Quelques grands
cultivateurs font aussi servir leurs taureaux à cet
usage.

Attelages de jeunes bœufs.

On rencontre ces attelages dans les exploitations
où l'élève du bétail est très-avantageuse. Il y a des
contrées fertiles où l'entretien du bétail, en général, offre du profit; si les débouchés manquent
pour les produits de la laiterie, on élève du jeune
bétail autant qu'on en peut nourrir. Lorsque le
jeune animal est de force, on le dresse peu à peu
au travail, pour le vendre où l'on n'élève pas de

bêtes de trait. Ce genre de spéculation se rencontre
le plus souvent sur de petits domaines, où le propriétaire lui-même s'occupe à dresser les jeunes
animaux.

Mélange de bêtes de trait.

On trouve fréquemment, sur de grands domaines, un mélange de chevaux et de bœufs. Ce mélange procure l'avantage de pouvoir choisir, pour
chaque ouvrage, l'espèce de bêtes de trait la plus
convenable, et on ne souffre aucun dérangement
dans la marche des travaux, s'il survient une épi-
zootie, qui, ordinairement, n'exerce de ravage que
sur une seule espèce de bétail.

Calculs préliminaires des dépenses des bêtes de trait.

Le chapitre VII, qui traite du bétail, nous in-
diquera tous les chiffres que ce sujet comporte.
Nous nous contenterons de dire ici que les dépenses des attelages sont très-variables d'une année
à l'autre, et ne peuvent être résumées exactement
qu'à la fin de l'année. Mais, comme il est toujours
nécessaire de poser des chiffres pour la marche de
la comptabilité dans le courant de l'année, plusieurs cultivateurs admettent des prix fixes, basés
sur des calculs antérieurs, et ils maintiennent ces

prix jusqu'à un changement radical indiqué par le temps. Ailleurs on trouve cela trop arbitraire, et on procède comme à l'école de Hohenheim. Appuyé sur une moyenne de plusieurs années, on fixe, à Hohenheim, la journée de travail d'un cheval, l'été, à 1 fr. 58 c., l'hiver à 1 fr. 7 c.; celui d'un bœuf, l'été, à 86 c., l'hiver à 57 c., bien entendu, le laboureur non compris. A la fin de l'année, on compare l'ensemble des dépenses avec l'ensemble des travaux exécutés, et on rectifie les chiffres.

Section troisième.

CALCULS DES PRINCIPAUX TRAVAUX DE LA CULTURE.

Il arrive souvent au cultivateur d'être obligé d'indiquer dans quel laps de temps un certain nombre de personnes pourront exécuter un travail, ou encore pour quelle somme cet ouvrage pourra être effectué. Lorsque les ouvriers habituels sont des domestiques et des journaliers, on a plus l'habitude du premier mode; et celui du second, lorsque ce sont des entrepreneurs à la tâche. Du reste, on pourra facilement rectifier l'un par l'autre; et on obtient ainsi une connaissance assez exacte des choses.

Dans l'aperçu suivant, on s'est servi de tous

ces moyens pour arriver à une appréciation aussi complète que possible.

Mais, auparavant, nous appelons l'attention sur ces considérations préliminaires :

1° Plusieurs des chiffres de comparaison sont admis généralement, d'autres ne se rapportent qu'à des faits et des prix usités en Wurtemberg ; plusieurs même ne sont basés que sur des expériences faites à Hohenheim.

2° Les prix à forfait proviennent, en majeure partie, de domaines wurtembergeois, et surtout de Hohenheim : on a pris ces derniers aux marchés le plus récemment conclus ; cependant il y en a beaucoup de la période de 1829 à 1832, pendant laquelle tous les travaux ont été exécutés à l'entreprise, et beaucoup de notes et de documents ont pu être recueillis.

3° Dans les marchés à forfait, l'heure de travail d'un homme est estimée de 7 à 8 c. ; celle d'une femme, de 4 à 9 c. : les 9 c. appartiennent plus spécialement à Hohenheim. On ne donne, avec ces prix, ni nourriture ni boisson. L'heure de travail d'un cheval est portée à 15 c. ; celle d'un bœuf, à 9 c.

4° Lorsqu'il n'est pas expressément mention du contraire, il est entendu que, dans les travaux qui exigent des attelages, ces attelages doivent être regardés comme ayant été fournis gratuitement à l'entrepreneur par l'exploitation, de manière que, pour connaître tout le prix du travail, on est obligé de calculer cet apport. Les travaux sont divisés ainsi qu'il suit :

1° Travaux dans les champs ;

2° — — les prés ;

3° — avec le fumier ;

4° — de battage et de nettoyage de grains ;

5° Grands charrois.

Nous avons déjà parlé, dans le chapitre III, des travaux que l'on fait dans les vignes, les vergers, les jardins, les industries techniques, les tourbières, les étangs, etc.

§ I. *Travaux dans les champs.*

Il y a à considérer

a. La nature du sol, eu égard à sa composition, s'il est compacte ou léger.

b. Son état présent, s'il est difficile ou facile, sec ou humide.

c. L'état de culture du sol, c'est-à-dire s'il s'agit d'un gazon à rompre, d'un trèfle pâturé ou autre, ou bien si le sol a déjà eu plusieurs labours, s'il est propre ou s'il est rempli de racines, de mauvaises herbes.

d. La position et la forme du champ; si le champ est en pente ou uni, s'il est régulier, carré ou en triangle; si les sillons sont longs ou s'il faut tourner souvent.

e. La saison de l'année, particulièrement la longueur des jours.

f. La construction plus ou moins parfaite de la charrue.

g. La profondeur et la largeur des bandes de terre.

h. L'habitude et l'application du laboureur et de l'attelage.

Lorsque tant de circonstances peuvent influer d'une manière avantageuse ou désavantageuse sur le résultat final, on comprend que les chiffres doivent beaucoup différer. Aussi estime-t-on tantôt 31 ares 51 centiares, tantôt 47 ares 26 centiares, tantôt 63 ares 2 centiares l'ouvrage que pourra exécuter un attelage de deux bons et vigoureux chevaux. On a 31 ares 51 cent. lorsque le sol est difficile, compacte, ou lorsqu'une ou plusieurs des circonstances ci-dessus influent défavorablement; 63 ares 02 cent. lorsque le sol est léger et les autres circonstances favorables. On ne peut pas s'attendre à plus d'ouvrage, lorsqu'on a besoin de quatre bêtes d'attelage et même au delà, ce qui cependant, en général, ne sera nécessaire que lorsque les charrues seront mauvaises ou s'il se présente des obstacles particuliers. Dans des exploitations où les travaux se

font à la tâche , on paye un homme auquel l'attelage est confié, pour toutes les espèces de labours
simples, 2 fr. 30 c. par hectare, et 4 fr. 55 par
hectare pour des labours très-difficiles , tels que
des défrichements de luzerne ou de sainfoin.

1. Le hersage.

La plupart des considérations indiquées aux
labours se rencontrent aussi ici ; les herses sont
en quelque sorte encore plus différemment cons-
truites que les charrues , surtout eu égard à leur
largeur. Quelquefois on a à repasser dans un en-
droit trois fois plus qu'une autre fois. Tantôt on
les conduit au pas , tantôt au trot. Le nombre de
bêtes attelées monte d'une à quatre. Ce nombre,
du reste, dépend généralement ou de la légèreté
du sol ou de la difficulté, en conséquence aussi
de l'instrument, et n'a pas une influence très-no-
table sur l'accélération de l'ouvrage. Sur un sol
argileux , tenace et durci un hersage peut exiger le tiers du tirage d'un labour, sur un bon sol
moyen seulement le quart, sur un sol léger le
cinquième et encore moins. D'après les procédés
de ce pays-ci, on herse de 199 ares 6 cent. à
252 ares 8 cent. par jour, si c'est une terre forte
et remplie de mauvaises herbes; ou bien , s'il faut
enterrer une semence avec un soin particulier,
alors on ne peut herser que 162 ares 4 cent.

à 157 ares 55 cent. Un homme d'attelage à forfait hersera 1 hectare pour 2 fr. 83 c., suivant que le hersage sera simple ou double.

2. Le roulage.

Le rouleau est tantôt attelé d'un cheval, tantôt de deux, et avec deux chevaux on ne fait guère plus d'ouvrage qu'avec un seul. Les rouleaux sont de longueurs si différentes, que l'on estime, par jour, depuis 210 ares 57 cent. jusqu'à 441 ares 14 cent. Dans le Wurtemberg, on compte 252 ares 8 cent. à 283 ares 59 cent. Lorsque les tournées d'un champ sont fréquentes, on avance infiniment moins. Le roulage à forfait coûte de 34 c. à 47 c. par hectare pour le travail de l'homme, non compris l'attelage.

3. Les travaux à l'extirpateur.

L'extirpateur expédie, par jour, suivant le nombre de ses pieds, suivant la nature du sol et la profondeur de l'entrure, de 157 ares 55 cent. à 252 ares 8 cent. Ce travail demande tantôt un homme et deux chevaux, tantôt deux hommes et quatre chevaux.

4. La semaille.

Un bon semeur sème, par jour, de 315 ares 10 cent. à 373 ares 12 cent. de froment, d'orge, d'avoine. Si ce sont des semences fines, par exemple, de navette, de colza, trèfle, etc. , il sèmera de 252 ares 8 cent. à 283 ares 59 cent. ; de l'épeautre, 220 ares 57 cent. Dans les exploitations à forfait, on paye pour la semaille à la volée, pour toute espèce de grain, 47 c. à 56 c. par hectare. Le cultivateur doit enterrer la graine. Lorsqu'on se sert de bons semoirs, ces derniers frais ne sont pas à compter. Un semoir couvre de 259 ares 8 cent. à 283 ares 59 cent. par jour.

5. La plantation.

Pour la plantation des pommes de terre à la houe à main, il faut de 9 à 12 journées d'ouvrier par hectare ; pour la plantation derrière la charrue, de 6 à 9 journées de femme, suivant la disposition de l'ouvrage, la distance des lignes. A forfait, on paye, pour la plantation à la charrue, 2 fr. 25 à 2 fr. 70 c. par hectare. Pour la plantation des betteraves, rutabagas, choux et autres, on admet que, suivant l'habitude et l'activité des ouvriers, une personne peut planter, par jour, 2,000, tout au plus 3,000 plants. On compte de 19 à 25 journées de femme par hectare, et on y comprend les repiquages qui peuvent être nécessaires plus tard. La plantation à forfait de 1 hectare de betteraves nous a coûté 10 fr. 15 c. , et 1 hectare de tabac 9 fr. 10 ; à la journée, nous avons payé des choux pommés de 13 fr. à 22 fr. par hectare ; et des plantations de colza, y compris l'arrachage du plant et le transport dans le champ, sont revenues de 37 à 46 fr.

6. Les sarclages, binages et buttages.

Si ces opérations se font à la main, il faudra 20 à 30 journées de femme par hectare, suivant la propriété du sol et les exigences particulières des plantes. Avec la houe à cheval et le buttoir, qui, pour un sol et un travail ordinaires, n'ont besoin que d'un cheval exercé et d'un homme, on pourra faire, par jour, de 94 ares 55 cent. à 126 ares 4 cent. — A forfait, 1 hectare de chicorée coûtera 13 fr. 50 c.; des pommes de terre, de 8 à 9 fr.; des choux pommés, de 11 à 13 fr.; du maïs, 10 fr. 50 c.; des pavots, 6 fr. 75 c.; des betteraves, 9 à 13 fr.; du tabac, 9 fr.; des topinambours, 13 fr.; du pastel, 13 fr. Pour butter des pommes de terre à la main, on paye de 8 à 10 fr.; pour des pavots, 9 fr.; des choux pommés, buttés à la journée, ont coûté 17 fr. 85 c.; le binage et le buttage à la houe à cheval et au buttoir n'ont coûté, à forfait, que de 70 à 80 c. par hectare, non compris les frais du cheval.

7. Travaux de récoltes, céréales et légumineuses.

Pour fauciller 1 hectare, il faut de quatre à cinq

personnes, hommes ou femmes. Plusieurs comptent cinq personnes pour les céréales d'automne et quatre pour celles de printemps. Dans les localités où l'on se sert habituellement de la faux, un bon faucheur peut abattre de 50 à 60 ares en couchant la récolte en andains. L'ouvrier qui se sert de la sape a besoin d'un aide. Lorsque les ouvriers n'ont pas l'habitude de la faux ou de la sape, on ne peut pas compter plus de 30 ares par homme et par jour. Dans les Pays-Bas, un homme coupe à la sape 25 ares de seigle ou 30 de céréales de printemps. On compte une personne pour faucheter, ramasser, porter les liens et lier, par 40 ares environ.

Quelle que soit la méthode que l'on adopte, il ne faut pas oublier, dans les calculs de ce genre, que, pendant la moisson, le prix des journées est fort élevé, et que l'on est toujours obligé d'accorder des suppléments en boisson et quelquefois même en pain.

Dans quelques contrées de l'Allemagne, par exemple en Saxe, des ouvriers se chargent quelquefois de tous les travaux de la moisson pour une part du produit, pour la 10e, la 11e, la 12e, jusqu'à la 13e gerbe. Koppe parle du 10e au 18e du produit.

Un homme fait, par jour, de 5 à 6 paquets de liens; ces paquets, de 100 à 104 liens, sont payés à forfait de 15 à 18 c. Pour calculer le charroi des gerbes, le plus sûr moyen est de prendre le poids, par hectare, de la céréale à rentrer, en réunissant le grain et la paille, et en divisant la somme du poids par les chargements usuels du pays. Pour rentrer les grains, on ne peut souvent marquer que des demi journées ou des trois quarts de journée.

Pour les travaux de la moisson, on fait presque généralement des marchés à forfait.

A Hohenheim, on paye par hectare :

a. Le faucillage de l'épeautre, de. . . . . . . 11 à 12 francs.
— du froment. . . . . 15 —
— du seigle d'automne. . . . . . 11 —
— de l'orge de printemps. . . . . 11 —
— de l'avoine, de. . . . . 8 à 15 —

Si, au lieu de fauciller, on fauche, le fauchage, en javelles, de l'épeautre et du seigle coûte 5 fr.; le fauchage de l'orge, 4 fr.; le fauchage de l'avoine, 3 fr. 50 c. à 4 fr. A Heilbronn, nous avons vu payer l'hectare de céréales d'automne, sans pain et sans vin, 14 fr., et 9 fr. 50 c. avec addition de pain et de vin.

b. On fait marché, pour lier toutes les céréales ci-dessous, à 2 fr. 70 c. par hectare.

c. A Hohenheim, pour charger et rentrer la récolte, on paye par hectare, pour l'épeautre, 1 fr. 50 c.; pour le froment, 1 fr. 30 c.; pour le seigle, 2 fr. 70 c. ; pour l'orge, 1 fr. 50 c. ; pour l'avoine, 1 fr. 30 c. Le cultivateur fournit , en outre, l'attelage, qui est, par conséquent, à calculer à part.

A Heilbronn, le voiturier fournit les chevaux, et on paye pour chaque voiture de gerbes à deux chevaux 5 fr. 50 c. pour la distance la plus éloignée , 5 fr. pour la distance moyenne, et 4 fr. 50 c. pour la plus rapprochée. On diminue de 1 fr. lorsqu'on se sert de voitures à un cheval.

d. A Hohenheim , on a payé pour décharger et pour tasser dans la grange, par hectare d'épeautre et de seigle, 1 fr. 30 c., et 1 fr. par hectare de froment, d'orge et d'avoine.

On a fait le résumé, à Hohenheim, de tous les travaux manuels de la moisson des céréales d'automne et des céréales de printemps, depuis le faucillage ou fauchage jusqu'au tassage dans la grange, soit au marchandage, soit à la journée, et l'on a eu les dépenses suivantes, par hectare :

825, à 15 fr. 25 c.
1826, à 15 fr. 70 c.
1827, à 15 fr. 95 c.
1828, à 17 fr. 80 c. pour les céréales d'automne seulement;
à 13 fr. 65 pour les céréales de printemps.

Pour les légumineuses, il n'existe à Hohenheim que les prix suivants à forfait :

Pour couper et dresser 1 hectare de féveroles. . . . 10 fr. 90 c.

Pour faucher 1 hectare de pois ou de lentilles. . . .	3	35
Pour placer sur des pyramides et pour sécher. . .	3	35
Pour d'charger.	2	50
Pour faucher à la maturité 1 hectare de vesces et avoine mêlées, de 3 fr. 60 c. à	4	50
Les sécher sur des pyramides, de 3 fr. 35 c. à	6	»
Charger et voiturer, de 2 fr. à.	3	»

8. Fourrages verts.

Le trèfle, la luzerne, le sainfoin, les vesces sont ou consommés en vert ou convertis en foin, ou bien encore on les laisse venir à graine. Lorsqu'on veut les donner en vert à forfait, il convient de traiter pour l'ensemble des opérations, c'est-à-dire le fauchage, le chargement, la rentrée et le déchargement, et alors on paye, par coupe et par hectare, de 8 à 10 fr. pour le trèfle, la luzerne et le sainfoin, et de 11 à 12 fr. pour les vesces. Lorsqu'il s'agit de la conversion en foin, alors pour la fauchaison seule on paye 3 fr. 50 c., 4 fr., 4 fr. 50 c., 5 fr.; pour le séchage sur des pyramides, de 5 fr. 50 c. à 6 fr. 80 c.; pour les deux ouvrages réunis, de 9 à 12 fr.; pour charger et rentrer, de 1 fr. 60 c. à 2 fr. 70 c.; pour décharger, de 1 fr. 50 c. à 3 fr.

S'il s'agit de récolter ces fourrages à graine, le prix du fauchage est le même; si l'on juge à propos de faire fauciller, alors le prix par hectare est de 10 fr. 80 c. à 17 fr. 50 c.; pour charger, rentrer et décharger, 4 fr.

Pour l'alimentation en vert à l'étable, on calcule, d'après les besoins journaliers, le nombre de voitures à rentrer, ou bien on adopte certaines données expérimentales; on estime, par exemple, qu'un homme et une femme peuvent rentrer journellement, avec deux bœufs, le fourrage vert nécessaire pour soixante têtes de bétail à cornes.

9. Racines.

Les récoltes les plus importantes dans ce genre sont les pommes de terre et les betteraves.

Pommes de terre. — Pour les arracher au crochet, les ramasser, les réunir, les charger, il faut de trente-sept à quarante-quatre personnes par hectare, parmi lesquelles doivent se trouver au moins trois ou quatre hommes; pour décharger et mettre en silos, deux personnes en sus; pour ramasser plus tard après la charrue, une ou deux personnes en sus; au total, environ cinquante personnes. Si l'on arrache à la charrue, il faut le même nombre de personnes.

Pour ramasser à forfait derrière la charrue, on paye 26 fr. l'hectare; pour charger 212 hectol., 4 fr. 50 c.; pour rentrer, 5 fr. 20; pour décharger, 3 fr. 30 c. A Hohenheim, tous les travaux réunis de cette récolte, faite au crochet et à la journée, sont revenus, une année, de 30 à 36 fr. par hectare. Si on met les pommes de terre en silos, la façon des silos revient à 2 fr. 60 c. par 100 hectol.; pour découvrir les silos, 1 fr. 20 c. par 100 hectol. Dans plusieurs contrées, le mieux est de faire faire cette récolte pour le huitième ou le neuvième de son produit brut.

10. Plantes commerciales.

Betteraves. — Pour arracher les betteraves, les nettoyer, charger, décharger, transporter en magasin ou les mettre en silos, il faut de trente-sept à cinquante journées de femme par hectare. Pour couper les feuilles et les préparer pour l'alimentation, on compte dix journées de femme.

A forfait on paye, par hectare, pour arracher les racines et couper les feuilles, 13 fr. 60 c.; les rentrer, 4 fr. 50 c.; pour décharger et emmagasiner, 6 fr.

On a fait, à Hohenheim, l'expérience comparative de la mise en silos et de la mise en magasin, au point de vue des frais. On a trouvé que la mise en silos exige 3 fr. 45 c. pour 100 hectolitres, tandis que par la mise en magasin la même quantité n'a coûté que 2 fr. 10 c. Il faut dire aussi que l'on n'a rien compté pour la location du magasin.

Toute la récolte des betteraves revint, à Hohenheim, en 1826, à 41 fr. par hectare; en 1827, à 47 fr.; et, en 1828, à 54 fr.

Pour couper à forfait du colza ou de la navette

d'automne, on paye de 7 fr. 50 c. à 10 fr. l'hectare; ramasser, charger, rentrer, décharger, 6 fr. 84 c. l'hectare. Les prix payés à des journaliers, aux récoltes des années 1826 et 1827, ont une valeur égale.

Du *pavot*. Récolter à forfait, 8 fr. l'hectare; arracher les tiges de pavots, 2 fr.; couper les têtes, 5 fr.

Lin. Arracher 1 hectare, 20 fr. 50 c.

Chanvre. Couper 1 hectare, 10 fr.

Tabac. Récolter 1 hectare, 6 fr. 80 c.

Pastel. Couper 1 hectare et placer sur des pyramides, 16 fr.

Arracher 1 hectare de racines de *chicorée*, 109 fr.

Arracher 1 hectare de *garance* au crochet, 248 fr.; à la charrue, y compris l'attelage, 109 fr.

11. Travaux extraordinaires.

Bêcher et défoncer. — Pour bêcher 1 hectare à la profondeur de $0^m,286$, Burger compte 35 journées d'homme; Veit, de 27 à 37 sur un sol meuble, de 37 à 46 sur un sol compacte; Volz, 33 sur un sol argileux, de 24 à 25 sur un sol glaiseux, 18 sur un sol sablonneux. Il est vrai que ces espèces de travaux sont toujours donnés à l'entreprise.

Pour défoncer à la main un sol neuf, avec l'engagement pris par l'entrepreneur de ramasser les pierres et de les mettre en tas :

		fr.	c.
A 0^m,286 de profondeur.		118	»
A 0^m,429 —		180	»
A 0^m,582 —		400	»

Pour des fossés neufs, on paye les prix suivants par mesure courante de 4^m,576 :

				fr.	c.
Pour 0^m,572 d'ouverture et	0^m,286 de profondeur.			»	7
— 0^m,858 —	0^m,429	—		»	11,8
— 0^m,429 —	0^m,429	—		»	28,7
— 0^m,858 —	0^m,858	—		»	43
— 0^m,429 —	1^m,430	—		»	57
— 0^m,858 —	1^m,144	—		»	57
— 0^m,858 —	1^m,430	—		»	71,6

Drainage. — Pour faire faire des rigoles souterraines, on paye 25 centimes par mesure de 2^m,864 de longueur sur 0^m,858 de profondeur.

		fr.	c.
Pour une profondeur de 1^m,081. . . .		»	28,7
— 1^m,144. . . .		»	32,3
— 1^m,430. . . .		»	57,4

De plus, pour remplir les rigoles de pierres, on paye encore de 57 à 74 cent. Par chaque longueur de 28^m,6, il faut environ une voiture de petites pierres plates qui, dans le Wurtemberg, coûte de 2 fr. 58 c. à 3 fr. 22 c. Les dépenses ultérieures sont pour poser les pierres et recouvrir.

En 1828, on paya 1 fr. 25 c.; non compris l'achat des pierres, que l'on avait, par mesure de 2ᵐ,864; c'est-à-dire, pour creuser à 1ᵐ,430 de profondeur, 57,4 c.; charger les pierres et les approcher, 5 c.; les poser, 43 c.; recouvrir, 20 c. Pour une autre rigole souterraine, l'achat seul des tuiles coûta, à Hohenheim, 1 fr. 43 c. par 2ᵐ,864.

§ II. *Travaux des prairies.*

Les frais de roulage et de hersage sont calculés sur le taux indiqué dans la culture des terres. Nous mentionnerons plus loin les travaux pour conduire les fumiers, les décharger, les répandre.

Pour nettoyer les prés et répandre les taupinières, Volz admet une journée et demie de femme, soit 1 fr. 10 c. par hectare; pour prendre les taupes, de 60 à 90 cent. De plus, lorsqu'il y a à entretenir des fossés d'écoulement, il compte annuellement une journée et demie d'homme, soit 2 fr. 80 c. Ce sont surtout les travaux de fenaison qui méritent une attention particulière. La fenaison se fait, ou bien pour une part du produit brut, ou bien par les gens de la maison ou par des journaliers, ou bien encore par des entrepreneurs à prix d'argent. La première méthode n'a pas lieu dans ce pays-ci, mais fréquemment dans le nord

de l'Allemagne, où des paysans peu fortunés, qui
cependant tiennent une ou quelques vaches, s'en
chargent aux conditions suivantes : ils ont à livrer
le foin jusque dans les granges ou les meules, et
là à le tasser, et pour cela ils obtiennent le quart du
produit lorsque les prés sont d'excellente qualité ;
avec des prés de qualité moyenne, et s'ils fournissent encore deux coupes, le tiers ; avec de mauvais
prés, la moitié. Par cette coutume, le travail est
payé généralement plus cher que lorsqu'on le fait
faire à prix d'argent ; mais le manque de journaliers force souvent d'accepter ces conditions.

Thaër donne les proportions suivantes comme
justifiées par l'expérience :

				FRAIS DE FENAISON. De la valeur du foin.
Prés à 2 coupes,	donnant de 3,800 à 4,600 kil.	par hectare,	20 0/0
—	—	de 3,200 à 3,700	—	25 0/0
—	—	de 2,500 à 2,800	—	30 0/0
—	—	de 2,300 à 2,400	—	40 0/0
Prés à 1 coupe,	—	de 1,800 à 2,400	—	30 0/0
—	—	de 1,580 à 1,700	—	40 0/0
—	—	de 9.0 à 1,400	—	50 0/0

S'il est vrai que, par la cession à des entrepreneurs, on trouve des ouvriers intéressés à faire et
à conserver la récolte en bon état, il faut convenir
que c'est parfois un douloureux sacrifice. Pour
une production aussi importante, il peut se faire
que le sacrifice, en certaines années, soit même

au delà des plus forts déboursés en argent ; aussi,
partout où l'on se peut procurer des ouvriers à des
prix raisonnables , nous les voyons employés de
préférence à la journée ou à la tâche.

Quant au fauchage, on dit, dans la plupart des
ouvrages, qu'un homme peut faucher par jour de
42 à 53 ares, et on ne peut contester la possibilité
de faucher cette surface ; mais lorsque, comme
dans le Wurtemberg , on travaille avec de petites
faux , si l'ouvrage doit être bien fait , on ne peut
pas compter sur plus de $34^a,51$. Le fanage se fait
le plus généralement par des femmes, et on compte
qu'une femme fait de $583^k,320$ à $729^k,150$ de
foin en 2,5 de journées de travail. Il en résulte-
rait donc, par journée de travail d'une femme, de
$243^k,050$ à $271^k,660$. En payant à une femme de
57 à 65 c. , le quintal de $48^k,61$ reviendrait de
10 à 12 c. Avec un temps favorable, on peut quelquefois compter moins ; avec un temps défavorable, au contraire, on comptera plus.

Le poids des chargements varie avec l'état des
chemins , la distance des bâtiments, etc. ; on estime de 1,000 à 2,000 kilog. par voiture. Sur un
sol uni , avec de bons chariots et une courte distance, deux chevaux peuvent conduire de semblables charges ; dans le cas contraire , il en faut
quatre. Il faut calculer aussi que le nombre des
voyages ne peut pas être aussi élevé qu'à la mois-

son, parce que la rosée empêche de commencer la rentrée de bonne heure, et parce que le chargement prend aussi plus de temps, ce dernier travail dure encore plus longtemps avec le regain. Ainsi, dans le même temps que l'on charge six à sept voitures de foin, on ne compte que quatre à cinq de regain.

Voici les prix à forfait des récoltes de 1829 à 1832, dont nous avons calculé la moyenne, en y comprenant les suppléments accordés en pain et boisson.

	POUR LE FOIN.			POUR LE REGAIN.	
Pour faucher 1 hectare,	4 fr. 35 c. à 4 fr. 57 c.			3 fr. 87 à 4 fr. 35 c.	
— sécher —	2	98	3 64	2	98 c.
— rentrer —	1	58	1 71	1	01
— décharger, —	1	71		1	11
	de 8 à 12 fr.			de 9 à 10 fr.	

Il faut ajouter les charrois, que l'on évalue de 2 fr. 50 c. à 2 fr. 75 c. par hectare; par conséquent, le prix de chaque hectare de foin a été de 11 à 14 fr., et le regain de 11 à 12 fr.

En séchant le fourrage sur des pyramides, on a payé par hectare de 4 fr. 70 c. à 5 fr. pour le foin, et 4 fr. pour le regain. Cette méthode est plus coûteuse; mais le fourrage se conserve mieux et est moins exposé au danger de se détériorer qu'avec la fenaison sur le gazon. La dessiccation sur les pyramides vaut moins pour le regain que pour le

foin. Pour comparer les prix à forfait avec les autres, nous allons prendre les chiffres des trois années antérieures, pendant lesquelles le fauchage
seul a coûté, par hectare, de 4 fr. à 4 fr. 50 c.;
tout le reste fut exécuté à la journée, et l'hectare
est revenu à :

	Foin.		Regain.	
	fr.	c.	fr.	c.
En 1826.	12	91	9	33
En 1827.	13	67	8	75
En 1828.	14	»	10	34

Comptés au poids, les 100 kilog. reviennent :

	Foin.		Regain.	
En 1826.	»	»	»	»
En 1827.	»	23	»	32
En 1828.	»	25	»	45

On n'a pas compris dans ces chiffres le travail
des attelages; d'où il suit que le travail à la journée revient plus cher que le travail à l'entreprise;
mais il faut dire aussi que le fourrage fait à la
journée a été, en général, rentré en meilleur état.

A Heilbronn, on paye, pour le fauchage de
1 hectare, sans aucun supplément, 7 fr. 14 c.;
pour la rentrée, 6 fr. 85 c. par voiture à deux chevaux pour les distances les plus éloignées; pour les
distances moyennes, 6 fr. 15 c., et, pour les prés
les plus rapprochés, 5 fr. 45 c.

§ III. *Travaux des engrais.*

Un homme charge, par jour, de huit à douze

voitures de fumier : le premier nombre, lorsque
le fumier est décomposé ; le second, lorsqu'il est
pailleux. Une femme, dans une journée, répand
la même quantité. On sait combien est variable
le chargement des voitures de fumier; il faut donc
que, dans ses estimations, chaque cultivateur se
règle sur les usages locaux.

Pabst calcule, pour une bête attelée seule, de
350 à 600 kilog.; lorsqu'on attelle deux bêtes, il
accorde à chacune un poids de 300 à 500 kilog.,
soit une voiture de 600 à 1,000 kilog. Lorsqu'on
attelle quatre bêtes, le poids de chacune se réduit
de 250 à 400 kilog.; soit une voiture de 1,000 à
1,600 kilog. Ces évaluations sont faibles, et ne
peuvent concerner que des attelages d'animaux de
petites races. Les grands propriétaires chargent
ordinairement plus fort.

On peut encore moins indiquer combien de
voyages il est possible de faire par jour. La distance des pièces de terre, l'état des chemins, la
saison de l'année, la température du jour, le nombre des véhicules dont on se sert, toutes ces circonstances modifient considérablement les données de la pratique.

A une distance de 1,000 mètres, on admet, avec
des voitures de rechange, de neuf à douze voyages;
et, à une distance de 2 à 3,000 mèt., on ne compte
plus que de six à neuf voyages par jour, avec des

voitures attelées de chevaux ; avec des bœufs, on fera deux voyages de moins. Dans une entreprise à forfait, il a été payé, à Hohenheim, pour charger une voiture de fumier à quatre chevaux, 10 centimes ; pour le transport, 12 c. ; pour l'épandage, de 7 à 10 c. Pour charger une voiture à deux chevaux, 5 c. ; pour le transport, de 10 à 16 c. ; pour l'épandage, 5 c. Pour charger un tombereau de compost à deux chevaux, 3 c. ; pour le transport, 7 c. ; pour l'épandage, 5 c.

On charge, à Hohenheim, sur une voiture à deux chevaux, 554 litres de plâtre, et un homme en saupoudre dans sa journée 2^h,50 ares.

§ IV. *Battage et nettoyage des grains.*

Le battage se fait ou au fléau, ou avec des chevaux, ou à la machine à battre.

1. Battage au fléau.

On peut admettre, comme produit moyen d'un batteur par jour, 88 litres de froment, 265 litres d'épeautre, 132 litres de seigle, de 167 à 200 litres d'orge, de 200 à 225 litres d'avoine, 88 litres de vesces, et 167 de navette ou de colza.

Ces moyennes sont, cependant, souvent modifiées, suivant le rendement des grains. Leur nettoyage est compris dans ces quantités. Les moyennes de la graine de trèfle sont encore plus variables; cependant quatre hommes ne battront pas au delà de 22 litres par jour.

Depuis un grand nombre d'années, on a l'habitude, à Hohenheim, de payer les batteurs en argent. Suivant la température de l'année et le rendement, on leur accorde :

		fr.	c.	fr.	c.
Par hectolitre de froment, de	»	81	à	1	45
— de seigle	»	64	à	»	73
— d'épeautre	»	28	à	»	36
— d'orge	»	44	à	»	53
— d'avoine	»	36	à	»	48
— de vesces	»	81	à	»	91
— de féveroles	»	60	à	»	81
— de navette ou colza . . .	»	48	à	»	56

Pour d'autres graines, servant d'expériences, on a payé, pour

Le sarrasin, l'hectolitre	97	centimes.
Les pois, —	91	—
Le petit épeautre, —	30	—
Le froment amylacé, l'hectol	30	—

A la mesure de l'hectol., on bat le trèfle pour	12 à 15 fr.	» c.
— — la luzerne pour	15 à 16	»
— — le lin pour	2 à 2	50

Dans bien des contrées, on paye les batteurs en nature, c'est-à-dire avec une part de grain battu, et on donne tantôt la 10e, tantôt seulement la 18e mesure. On leur donne naturellement la plus faible quantité, lorsque la récolte est belle et rend bien. Le plus généralement, on donne la 14e mesure; la 10e et la 18e doivent être considérées comme de rares extrêmes.

2. Dépiquage.

Dans la haute Souabe, on compte qu'un cheval ou un bœuf dépique avec ses pieds autant de grains qu'un homme peut en battre au fléau. Deux hommes, un garçon et six bœufs feront donc autant d'ouvrage que neuf batteurs au fléau.

3. Machine à battre.

Une expérience prolongée a été faite à Hohenheim, dans l'hiver de 1836 à 1837, sur l'action de la machine à battre. Dans l'espace de huit heures de travail, cette machine a battu, en moyenne, 550 gerbes d'épeautre, soit 58 hectol. 49 lit.; 600 gerbes de froment, soit 42 hectol. 16 lit.; 700 gerbes d'avoine, soit 56 hectol. 16 lit.; 744 gerbes d'orge, soit de 49 hectol. 63 à 54 hectol. 40 lit. Il y avait au manége quatre bœufs à 57 centimes par tête; et, pour le service, sept à huit femmes et jeunes garçons à 50 c., quatre à à cinq hommes à 80 c.; au total, de onze à treize personnes. La machine dont on s'est servi ne nettoie pas le grain et ne sépare pas la paille; le bottelage de la paille a été fait à la tâche. Ce genre de machine ne paraît donc pas avantageux; car, si l'on résume le grand nombre de journées employées au battage, à la paille et au nettoyage du grain, si l'on ajoute à ces frais ceux de premier établissement et d'entretien, on arrive à ce résultat que le battage à la machine revient aussi cher que le battage au fléau. Les calculs se présentent plus avantageusement avec les machines où la paille est séparée du grain et où celui-ci reçoit un premier nettoyage.

De semblables machines, mises en mouvement par deux chevaux, battent et nettoient, en huit heures de travail, de 250 à 350 gerbes de 11 kilog. On y met quatre personnes, dont une femme et un garçon étalent les gerbes, un homme lie la paille, et un autre garçon dirige les chevaux. Le prix d'une machine de ce genre est de 800 à 1,000 fr.

§ V. *Les charrois au dehors.*

Lorsque l'on veut évaluer les transports que le cultivateur a à faire au dehors, il faut connaître le poids des chargements et la distance des lieux. Le chargement doit être en raison de l'état des chemins à parcourir et de la force des attelages. Sur des chemins vicinaux, on compte la charge d'un cheval à 400 ou 500 kilog. Sur les routes nationales bien entretenues, un cheval peut conduire de 600 à 700 kilog. Ainsi une voiture à quatre chevaux pourra être chargée de 2,400 kilog., et faire deux voyages par jour à une distance de 1 ou 2 lieues, et pas au delà. A une distance de 4 à 6 lieues, on ne fera qu'un voyage par jour; à une distance de 8 à 10 lieues, il faudra deux jours. Pour charger une voiture à quatre chevaux des diverses espèces de grains, on met de 30 à 40 hectolitres de froment, ou 40 à 50 hectol. épeautre, ou 35 à 45 hectol. seigle, ou 50 à 60 hectol. avoine, ou 30 à 35 hectol. colza.

Une voiture à deux chevaux conduit sur la route 3 à 4 stères de bois : soit, dans le premier cas, du hêtre ou du chêne; dans le deuxième cas, du bois blanc. On met 5 stères sur une voiture à quatre chevaux. La laine que le cultivateur conduit au marché prend tant de place, que, lorsqu'il veut ménager les toisons, il ne peut charger plus de 600 à 700 kilog. dans une voiture à deux chevaux.

§ VI. *Travaux qui accompagnent la nourriture du bétail.*

Ces travaux ont pour but de préparer convenablement l'alimentation du bétail. Dans de petites exploitations, la même personne soigne les bestiaux et prépare la nourriture. Cela est impossible dans les grandes fermes ; on divise alors le travail, et on charge des hommes spéciaux, à la journée ou à la tâche, de la préparation des fourrages.

Ainsi, pour botteler le foin par bottes de 10 kilog., on paye 40 à 50 centimes les 500 kilog.

Pour hacher le foin et la paille, on paye, à la tâche, de 80 cent. à 1 fr. les 500 kilog. On exige généralement que la paille soit coupée plus menu pour les chevaux; on augmente alors le prix jusqu'à 1 fr. 50 c. et plus. Pour couper une voiture de fourrage vert pesant environ 1,000 kilog., on paye 3 fr. 50 c. à 5 fr.

Lorsqu'on fait un grand usage du hache-paille, il est nécessaire de faire repasser les couteaux tous les ans ; cela coûte 2 fr. 50 c.

Les hache-paille perfectionnés ne font guère plus d'ouvrage que le hache-paille commun, pour lequel ont été établis les prix ci-dessus. Par contre, de grandes machines mues par l'eau et desservies par deux ou trois personnes expédient 5,000 à 6,000 kilog. par jour; alors les 500 kilog. ne reviennent guère qu'à 10 centimes, y compris l'entretien plus coûteux de la machine. En prenant des chevaux ou des bœufs pour moteurs de ces puissantes machines, la dépense augmente; cependant il y a encore un grand avantage lorsque l'emploi est continu.

Pour couper les racines au coupe-racine de Hohenheim, on paye 8 centimes l'hectol. de bette=

raves, 10 cent. les pommes de terre, 16 cent. les carottes.

La trituration du sel coûte 2 fr. 20 c. l'hecto-litre.

Section quatrième.

APERÇU GÉNÉRAL DES TRAVAUX D'UNE EXPLOITATION.

Lorsque l'on veut se rendre compte, par avance, des forces nécessaires à la marche d'une entreprise d'agriculture et évaluer les dépenses annuelles, différents moyens se présentent, suivant que l'on exige plus ou moins d'exactitude.

La méthode la plus rigoureuse est assurément de tracer le plan cultural dans son ensemble et dans ses détails, en faisant un devis de tous les travaux d'une année entière. Des chapitres séparés indiqueront les travaux d'attelages et de main-d'œuvre exécutés par des domestiques, des jour-naliers ou des entrepreneurs.

Si l'on veut arriver à une grande exactitude, il ne faut même pas se contenter de trouver la somme des journées, mais aussi leur répartition selon les saisons de l'année. Quelquefois le printemps et l'automne concentrent plus de travaux que les deux autres saisons de l'année; et alors il faut momentanément un supplément de forces.

Certaines exploitations se prêtent, au contraire, quelquefois à une si bonne organisation, que les

travaux peuvent être répartis uniformément pendant toutes les saisons de l'année; c'est là un grand
avantage, et qui simplifie beaucoup les choses. Le
produit net est généralement alors plus élevé,
parce que l'entretien de nombreux attelages diminue considérablement le revenu du cultivateur;
ce cas favorable se présente lorsque les semailles
de céréales ne prédominent trop ni au printemps
ni à l'automne, et lorsque la culture des fourrages
annuels, celle des plantes sarclées et celle des
prairies occupent suffisamment les attelages dans
les intervalles des semailles et de la moisson des
céréales.

On peut tendre aussi à une meilleure répartition
des travaux, en prenant autant d'avance que possible par des labours préparatoires d'automne et
d'hiver; par ce moyen, toutes les semailles et les
plantations du printemps peuvent être hâtées.

D'après ce qui vient d'être dit, on voit qu'il y
a deux méthodes pour rédiger un aperçu général
des travaux.

1° On fait une estimation complète des travaux
durant toute l'année, jointe à une autre estimation
des travaux dans la saison la plus pressante; alors
c'est celle-ci qui règle le nombre des attelages.

2° On détermine les travaux de toute l'année,
sans tenir compte de ceux d'une époque particulière. Cette seconde méthode est moins exacte que

la première, et n'est pas applicable à toutes les situations. Du reste, toutes les deux exigent du temps et du travail. D'abord elles ne sont souvent pas applicables, ni l'une ni l'autre, pour une exécution pressée; puis, si on cherche à les remplacer par un procédé plus simple, ne comportant pas une exactitude rigoureuse, on perd tout leur avantage, car on ne s'attache alors qu'aux travaux d'attelages, et les autres échappent.

Lorsque l'on veut supputer les travaux d'attelages de l'époque de l'année la plus laborieuse, époque que nous supposerons être ici le printemps, on prend alors en considération non-seulement les semailles, mais tous les travaux en somme, et chaque travail en particulier, que la saison exige : par exemple, la préparation des terres pour les récoltes-jachères, pour la plantation des betteraves, le hersage des céréales d'automne, la conduite du fumier, et ainsi de suite. Souvent cette recherche est suffisante pour déterminer les attelages nécessaires à toute l'année.

Quelquefois on se contente de chiffres généraux, et on apprécie la force des attelages d'après le nombre d'hectares. Sur de petites exploitations, deux jeunes bœufs ou deux vaches suffisent pour 5 hectares de terres arables. Pour 8 hectares on compte deux bœufs, ou un cheval sur un sol léger où l'on pourra labourer avec une seule bête;

pour 12 hectares, on compte deux chevaux et jusqu'à quatre bœufs.

Dans de grandes exploitations d'une étendue de 80 à 200 hectares, on calcule qu'il faut quatre à six chevaux par 30 hectares, toutes les fois que la terre est tenace, ou lorsque les champs sont éloignés et les chemins difficiles; trois à quatre chevaux par 30 hectares lorsque le sol est d'une culture plus facile.

Sur un sol léger ou avec une culture extensive, surtout avec un système pastoral, deux ou trois chevaux suffisent par 30 hectares.

La culture pastorale est quelquefois conduite si extensivement, qu'il ne faut qu'un cheval par 20 hectares.

De forts charrois accessoires, par exemple des marnages, des charrois pour des constructions, pour des professions techniques, doivent être estimés séparément.

Si en place de chevaux on tient des attelages de bœufs, ou en tout ou partiellement, alors il faut compenser le travail des uns par celui des autres. Dans cette réduction, on doit calculer le travail des chevaux à celui des bœufs, comme 5 est à 4; et, si les champs sont éloignés, l'avantage sera encore plus grand pour les chevaux.

Pour ce qui concerne le travail de la main-d'œuvre, il est généralement plus difficile à évaluer ; et, si on veut marcher tant soit peu sûrement, il faut dresser un état spécial pour chaque genre de travaux à exécuter, tant sur les terres arables que sur les prairies, etc., etc. ; puis, si l'on fait soigner le bétail par les domestiques, il faut distraire tout ce qui concerne les domestiques, aussi bien dans les champs que dans l'intérieur de l'exploitation : alors on peut espérer obtenir un calcul exact de la somme des travaux que l'on a à confier aux journaliers. Lorsque l'on veut éviter d'aussi longs calculs, on assigne par avance certains travaux fixes aux domestiques, comme, par exemple, les attelages et le battage des grains ; tout le reste est attribué aux journaliers.

Mais une telle évaluation n'est possible que dans une localité où l'on suit un système d'exploitation uniforme et bien arrêté ; alors on peut rapporter les chiffres connus d'une exploitation sur ceux inconnus d'une autre exploitation. Du reste, il est toujours difficile de généraliser, et dans l'application on trouve de grandes différences.

Burger, comme règle à adopter, admet dans la culture pastorale quatre et demie à cinq personnes pour 30 hectares, et neuf à dix personnes dans la culture triennale perfectionnée ou dans la culture alterne, et il comprend dans ce chiffre les domestiques à gages. Malheureusement l'expérience vient journellement déranger la rigidité de tels calculs.

CHAPITRE VII.

DU BÉTAIL.

Section première.

RECHERCHES D'ÉVALUATIONS POUR CALCULER LES FRAIS ET LES
PRODUITS DU BÉTAIL.

§ Ier. *Recettes et dépenses des chevaux.*

Il ne peut ici être question que des chevaux de trait, car nous ne trouvons presque nulle part, en Allemagne, des haras attachés à une exploitation économique. On en connaît bien quelques-uns dans des circonstances tout à fait exceptionnelles, mais les chiffres d'une comptabilité ordinaire ne sauraient servir en ce cas.

Dépenses des chevaux de labour.

Avant d'entrer dans les calculs de détail de la dépense que les chevaux de labour occasionnent dans le courant de l'année, on doit savoir au juste quels sont les capitaux dont ils doivent payer intérêt, et dans quelle proportion l'entretien des instruments et des bâtiments doit être inscrit à leur compte. Il est clair que le capital de l'achat des chevaux doit être tout à leur compte; il est naturel aussi de leur attribuer les intérêts et l'entretien des harnais et des outils dont on se sert exclusivement pour eux. Par contre, on peut être fort dans le doute de savoir si on doit étendre aussi aux chevaux les frais des autres instruments de culture, comme les chariots, les charrues, etc., etc.; de faire, de plus, une part pour l'entretien des bâtiments, des écuries, des greniers à fourrages. Ordinairement on est dans l'habitude de mettre tout cela au compte des chevaux, et par là le compte du travail est simplifié. Mais il est certain qu'il y a de cette manière beaucoup trop d'estimations arbitraires; ainsi on est souvent arrêté pour savoir dans quelles proportions on débitera les chevaux et les bœufs pour les frais des instruments de culture et de transport. D'un autre côté, comme dans le compte des chevaux on n'a pas uniquement en vue d'obtenir simplement les frais des journées de travail, il est plus exact de ne compter aux chevaux que ce qui leur appartient. On mettra le reste sur l'inventaire de l'exploitation et l'entretien des bâtiments en général. Nous expliquerons plus loin ces divers points.

Dépenses annuelles d'un cheval.

1. Intérêt de la somme d'achat, ou de la valeur d'estimation, si on a élevé soi-même le cheval.

Des chevaux de la qualité la plus inférieure,

mais encore propres aux travaux de culture; ont une valeur de 130 à 215 fr.; des chevaux d'une qualité moyenne, 215 à 322 fr.; des chevaux de meilleure qualité, 322 à 538 fr. Dépenser plus que cette dernière somme ne peut rapporter qu'en se livrant à l'éducation des chevaux; hors de là, c'est du luxe. Des chevaux au-dessous de 130 fr. seront généralement si mauvais, qu'il ne pourra résulter que des pertes de leurs travaux et de ceux de leurs conducteurs.

On compte les intérêts de ce capital tantôt à 5, tantôt à 6 pour 100.

2. Usure et risque pour tous les accidents. Généralement on admet, pour cela, 10 pour 100 de la valeur des chevaux, et alors on ne compte rien de la vente des animaux dont on est obligé de se défaire.

3. Intérêts du capital avancé en harnais et outils d'écurie. Ce capital, lorsqu'on a beaucoup de chevaux, monte de 38 à 65 fr. par tête de cheval. Si pour un petit nombre de chevaux il faut déjà un hache-paille et autres instruments de ce genre, ce sera de 78 à 82 fr.

4. Entretien du capital de harnais, d'ustensiles, etc. On compte de 20 à 30 pour 100. A Hohenheim, cet entretien coûte annuellement 17 fr.; si donc on admet 25 pour 100, ce capital alors sera 68 fr. 95 c. Ailleurs on ne paye au sellier, à l'en-

treprise pour son travail, que 13 fr.; il reste alors encore de 2 à 4 fr. pour les autres objes. A cela il faut ajouter la dépense annuelle pour balais d'écuries, de 65 à 86 c. pour quatre à six paquets de balais.

5. Fourrages et préparation. Lorsque l'on recherche la valeur des fourrages, on ne base ordinairement ses calculs que sur l'avoine, le foin et la paille, sans que, pour cela, ces moyens d'alimentation soient les seuls que l'on doive admettre.

Si l'on est dans l'usage de donner aux chevaux, comme équivalent et supplément, des féveroles, du son, des carottes, des choux-navets, on peut établir ses calculs en conséquence, et les dépenses seront diminuées.

Voici un exemple de la ration journalière d'un cheval à Hohenheim.

	EN HIVER 1837-38.		EN ÉTÉ 1838.	
	Poids réel.	Réduit en foin.	Poids réel.	Réduit en foin.
Avoine.	5k,14	9k,18	6k,54	13k,08
Fourrage sec.	4k,67	4k,67	5k,60	5k,60
Paille, fourrage. . . .	0k,94	0k,47	0k,94	0k,47
	10k,75	14,32	13k,08	19k,15

Tout récemment l'usage s'est introduit de calculer la nourriture des autres animaux domestiques d'après leur poids en vie, et on a aussi appliqué cette méthode aux chevaux.

On suppose qu'ils reçoivent journellement 1ᵏ,50 pour 50 kilog. de poids vivant, un peu plus que le bétail à cornes et les bêtes à laine. D'après cela, un cheval qui pèse environ 600 kilog. exigerait 18 kilog., valeur en foin; la préparation du fourrage, nommément son, coupage, est tantôt comprise dans les travaux des domestiques, tantôt dans ceux des manouvriers.

6. Du sel. On le distribue aux chevaux aussi différemment qu'à tous les autres bestiaux, de 2 à 5 kilog. annuellement. En 1837, à Hohenheim, on a donné 4ᵏ,20.

7. Litière. De 1ᵏ,40 à 2ᵏ,80 par cheval; seulement 1ᵏ,40 lorsque l'on est forcé d'économiser beaucoup : 2ᵏ,33 est l'ordinaire. En 1837-38 on en donna à un cheval, l'hiver, 1ᵏ,86; l'été, 2ᵏ,33.

8. Ferrure. Elle monte annuellement de 8 fr. à 17 fr. par tête.

9. Médicaments. Les données moyennes changent, en Allemagne, de 1 fr. 44 c. à 4 fr. 75 c. par tête; dans le sud-ouest de l'Allemagne, de 1 fr. 44 c. à 2 fr. 15 c.

10. Éclairage. Pour quatre chevaux comme pour douze il faut une lanterne, lorsque ceux-ci comme ceux-là sont logés dans la même écurie. Comme l'entretien d'une lanterne revient à peu près à 8 fr. 62 c. par an, l'éclairage par tête revient donc de 72 centimes à 2 fr. 15 c., suivant

que quatre ou douze têtes de bétail y prennent
part.

14. Soins. Si par là on n'entend que les affou-
ragements, l'étrillage, le ramassage du fumier,
sans y comprendre les travaux productifs, un
homme peut bien soigner de neuf à dix chevaux,
et dans les intervalles couper encore le fourrage.
Dans les exploitations où tout se fait à l'entreprise, on sépare réellement aussi ces soins d'avec
les travaux du dehors, et on paye pour les soins
seulement, non compris le coupage du fourrage,
17 à 25 fr. par tête et par an; c'est ainsi qu'à
Hohenheim les apprentis laboureurs attachés à
cette division du travail sont payés à raison de
21 fr. 55 c. par tête. Les calculs se comportent
autrement lorsqu'on a des domestiques qui font
tout l'ouvrage, qui soignent les chevaux et travaillent avec eux; dans ce cas, on ne sépare pas
les travaux. Alors, selon qu'un charretier a à soigner et à conduire deux ou quatre chevaux, ou
que pour quatre à cinq chevaux on tient deux
charretiers, on impute à l'attelage donné toute la
dépense du charretier, gages, nourriture, et ainsi
de suite; puis on recherche pendant combien de
journées de travail l'attelage repose, pendant que
le charretier a une autre occupation. C'est ainsi
que Pabst, par exemple, évalue les dépenses d'un
charretier à deux chevaux à 293 fr.; d'où il y a à

retrancher vingt-quatre jours, pendant lesquels il ne travaille pas avec les chevaux, ou 17 fr. 25 c., à 72 centimes par jour reste donc au compte de l'attelage seulement 275 fr. 40 c.

Lorsque l'on veut répartir sur les attelages les frais des instruments aratoires et leur entretien, on établit les calculs suivants :

	fr. c.		fr. c.
Un chariot avec tous les accessoires coûte.	258 48;	la 1/2 pour un cheval,	129 30
Une charrue coûte. . . .	47 40;	—	23 70
Une herse légère à un cheval coûte.	12 92;	tout ,	12 92
Un rouleau coûte.	34 48;	le quart,	8 62
Une houe à cheval coûte. .	34 48;	le quart,	8 62
Un buttoir coûte.	17 25;	le quart,	4 31
La part d'autres petits ustensiles, tels que balances (volées), palonniers.	6 46;	—	6 46
		TOTAL. . .	193 93

Suivant la contrée, ses exigences, ses besoins, les prix des ustensiles, l'état (plus ou moins?) complet de l'inventaire et la division des attelages, le capital s'évalue, pour un cheval, de 162 à 215 fr.; l'intérêt se compte de 5 à 6 pour 100. L'entretien est de 20 à 25 pour 100 de la valeur du capital.

Si l'on adopte cette marche, il ne faut pas omettre de comprendre également la dépense de la graisse de voiture. Pour un attelage à deux chevaux, on compte à peu près sur 12 kilog., et le kilogramme revenant de 80 centimes à 1 fr. 20 c., c'est une dépense, par cheval, d'environ 7 fr. Un attelage à quatre chevaux ne coûte pas tout à fait le double; cela dépend aussi de la disposition de l'attelage et des véhicules. Si on veut encore mettre sur le compte des chevaux la quote-part des bâtiments, celle-ci sera alors, par cheval, de 4 à 6 fr. 50 c. par an.

Recettes des chevaux.

La recette des chevaux se compose de leur travail et de leur fumier. Nous avons parlé du travail au chapitre VI : on obtient le fumier par les méthodes indiquées au chapitre IV ; celle de Block nous paraît la plus exacte.

Comme pendant le travail il y a du fumier de perdu, on compte pour cette perte le tiers de toute la quantité obtenue du fourrage et de la litière.

Si on tenait des juments poulinières, il faudrait admettre un nombre inférieur de journées de travail. Veit, dans ses écrits, compte la dépense d'un poulain jusqu'à sa quatrième année de la manière suivante :

1° Entretien de la première année, y compris la dépense à appliquer à la mère. . . . . 92 fr. 26 c.
2° Entretien de la première à la deuxième année. . 58   10

A reporter. 150   36

	Report.	150 fr.	36 c.
3° Entretien de la deuxième à la troisième année. . .		73	33
4° — troisième à la quatrième année. .		93	70
		317	39
Perte de poulains qui périssent, 5 pour 100 de cette somme.		15	88
	TOTAL. . . .	333 fr.	27 c.

Il suppose des pâturages d'été à bon marché, en sorte que, dans la plupart des cas, cette éducation montera plus haut.

Les dépenses pour des bêtes communes comme pour des bêtes fines sont à peu près les mêmes ; tout dépend donc de la vente ou de la valeur d'utilité des jeunes bêtes.

§ II. *Recettes et dépenses des bêtes bovines.*

A. BOEUFS DE TRAIT.

Dépenses.

1. Intérêt du capital d'achat. Ce capital est, suivant la taille et la race des bêtes, de 130 à 237 fr. pièce. Dans les exploitations où on a l'habitude d'engraisser les bœufs l'hiver, on met des prix plus forts à l'achat pour avoir des animaux mieux choisis.

Les intérêts se calculent comme pour les chevaux.

2. Usure et risques. En examinant bien l'entretien et le travail des bœufs de trait, ainsi que leur résultat final à la boucherie, on se rend compte de la diversité des opinions émises à leur sujet. Certains entrepreneurs de culture ne comptent rien pour usure ni risques, et ils ont raison, du moins avec des bœufs de rechange bien entretenus, qui augmentent de valeur jusqu'à la huitième année. D'autres ne comptent rien pour usure, mais quelques pour 100 pour risques; d'autres enfin comptent pour usure et risques ensemble 3-5 à 8 pour 100. A nos yeux, ceux qui comptent un intérêt élevé ont pour habitude de nourrir très-mal leurs animaux pendant la morte-saison.

3. Intérêt du capital harnais et ustensiles d'étable. En se servant du joug double, le harnais revient à 8 fr. 62 c. par tête; au joug simple, c'est de 10 fr. 77 c. à 12 fr. 92 c.; en se servant de colliers, de 17 fr. 25 c. à 21 fr. 55 c. Les ustensiles de l'écurie sont de 8 fr. 62 c. à 10 fr. 77 c.; tout le capital monte donc de 17 fr. 25 cent. à 32 fr. 32 c.

Les intérêts comme pour le cheval.

4. Entretien de ce capital, de 20 à 30 pour 100. L'entretien du joug simple, chez le bourrelier, revient, à Hohenheim, à forfait, à 2 fr. 15 c.; pour la restauration du joug même et des traits

aussi, 2 fr. 15 c. Ailleurs on compte, pour les ustensiles d'écurie, de 86 cent. à 2 fr. 15 centimes.

5. Nourriture. Un bœuf d'attelage reçoit ordinairement de 12 à 16 kilog. valeur en foin ; cette
nourriture a presque toujours un fort volume et
est tout à fait conforme à la nature du bétail à
cornes.

Dans l'hiver de 1837-38, chaque bœuf de trait
recevait par jour, à Hohenheim, à l'époque des
grands travaux d'automne et de printemps, du
1ᵉʳ novembre au 15 décembre, et du 1ᵉʳ mars au
15 mai :

kilog.		kilog.
6,54	fourrage sec	6,54 de foin.
14	pommes de terre	7 —
1,86	paille	0,934 —
0,934	drêche	0,467 —
23,334		14,941

Lorsque les travaux ne pressent pas pendant
l'hiver, la ration diminue de 1 à 2 kilog. valeur
en foin.

Pendant l'été, on donne chaque jour 80 kilog.
de fourrage vert. On estime quelquefois le poids
de la nourriture en foin d'après le poids de l'animal en vie, et on donne 3 kilog. valeur en foin
par 100 kilog. du poids de l'animal.

6. Sel. On compte de 9 à 14 kilog. ; à Hohenheim, 12 kilog.

7. Litière. De 2 à 4 kilog.

8. Ferrure. Souvent cette dépense n'existe pas du tout; mais, lorsqu'elle a lieu, on compte de 4 à 6 fr. par an.

9. Médicaments. De 28 à 43 centimes. Veit compte de 72 c. à 1 fr. 7 c. par an et par tête.

10. Éclairage. L'éclairage est calculé comme pour les chevaux. Une lampe dont l'entretien est de 8 fr. 62 c. suffit pour quatre à vingt bêtes.

11. Soins. A Hohenheim, on paye, à forfait, 12 fr. par tête. Lorsqu'on travaille avec des bœufs de rechange et que l'on a des domestiques uniquement pour les soins, sans travaux extérieurs, alors un homme suffit pour vingt à vingt-quatre bêtes, ce qui s'accorde assez avec la somme à forfait ci-dessus.

Si le charretier doit aussi soigner ses bœufs, voici le calcul emprunté à Pabst :

Il suppose d'abord un bouvier pour quatre bœufs, et admet ses dépenses pour. . . . . 271 fr. 50 c.
dont il y a à retrancher cent jours de travail, pendant lesquels le bouvier ne travaillait pas avec les bœufs, à 72 centimes. 71   83

RESTE. . . 199   67

Par contre, il faut un journalier à 86 c., qui a à travailler deux cents jours avec la deuxième paire de bœufs. 172   39

L'attelage de quatre bœufs reste donc à compter. 372 fr. 06 c.

Si l'on veut faire entrer dans le compte des

bœufs la valeur des instruments de travail, on assigne un quart de frais de moins que pour les chevaux.

On compte pour l'entretien des bâtiments de
2 fr. 15 c. à 4 fr. 31 c. par tête de bœuf de trait.

Recettes.

Les recettes consistent en travail et en fumier,
dont on évalue la quantité d'après le fourrage et
la litière en retranchant un tiers pour la perte pendant le travail; on estime, de plus, la valeur du
bœuf à sa vente ou au moment de l'engraissement.

On ne peut donner aucune règle sur cette valeur.
Comparée aux prix d'achat, elle peut être restée
la même, comme elle peut être supérieure ou inférieure.

B. VACHES LAITIÈRES.

Dépenses.

1. Intérêt du prix d'achat. De la petite vache
qui pèse à peine en vie 200 kilog., et qui ne donne
que 735 litres de lait par an, à ces fortes vaches
hollandaises et suisses, du poids de 600 kilog. et
plus, qui donnent de 2,500 à 3,000 litres de lait, la
différence est si grande, que la valeur par tête varie
entre 60 et 300 fr.

Par suite de calculs particuliers, Kretschmer

établit qu'une vache de 200 kilog. a une valeur
de 67 fr.; une vache de 300 kilog., une valeur de
123 fr.; une vache de 400 kilog., une valeur de
179 fr. Quoique le poids ne soit pas précisément
la meilleure mesure d'apprécier une vache à lait,
on peut cependant se servir de ces chiffres comme
moyen d'estimation.

On avait admis, à Hohenheim, les moyennes
suivantes :

	LE 1ᵉʳ NOVEMBRE 1837. Pour les races mélangées. fr. c.	LE 1ᵉʳ NOVEMBRE 1839. Pour la race du Simmenthal. fr. c.		fr. c.
Une vache.	161 61	de »	à	241 35
Une génisse ou un bouvard.	107 28	de 129 30	à	172 40
Un taureau adulte.	211 20	de 280 13	à	366 32
Une vêle, ...	56 02	de 53 87	à	94 81
Un veau mâle.	53 83	de 71 11	à	129 30

Si l'on tient à élever une race particulière, c'est
une nécessité d'entretenir des taureaux de cette
race, et cet entretien doit figurer dans tous les
comptes. Un taureau adulte et fort peut suffire
pour 50 à 60 vaches. Dans les localités où les vaches
sont au pâturage, on admet, pour un taureau, de 30
à 40 vaches. Pour éviter tout mécompte on estime
ordinairement ce dernier chiffre, même dans des
exploitations à stabulation permanente. Lorsqu'il
s'agit de conserver la pureté d'une race, on est
toujours obligé de conserver un taureau par 10 à
12 vaches.

2. Usure et risques. Suivant la localité et l'organisation de l'exploitation, il est tantôt avantageux de remplacer les sorties du bétail par une remonte intérieure, tantôt par l'achat de nouvelles vaches et de nouveaux taureaux. On estime ordinairement au septième ou au huitième les nécessités de la réforme annuelle. Quelquefois on fait une distinction entre les taureaux, et on calcule la réforme des vaches au huitième, et celle des taureaux au cinquième.

a. Bêtes perdues par maladies, un trentième des bêtes adultes, un vingtième des jeunes bêtes.

b. Bêtes destinées à la vente pour d'autres causes, un trentième. Tantôt on admet l'âge de 5 à 6 ans comme l'époque de la plus forte production du lait, et on vend, par exemple, 75 fr. une vache qui, dans le commencement de cette production, coûtait 119 fr. ; tantôt on n'admet qu'au bout de 8 ans une diminution de valeur de 108 fr. à 78 fr. Suivant les différentes circonstances, l'un ou l'autre calcul devient le plus juste. La remonte par les génisses dépend de l'âge de leur saillie à 18 mois, à 2 ans, ou à 3 ans. Makensen demande au moins un sixième comme croît annuel en veaux. Flotow dit que le nombre des jeunes bêtes, jusqu'à l'âge de trois ans, doit être trois fois plus fort que la réforme annuelle des bêtes adultes, et il porte ce chiffre au huitième. Pabst admet, au total, un tiers de jeunes génisses de différents âges de plus que de vaches.

3. Intérêt du capital des ustensiles de laiterie et de l'étable. On ne comprend ici que les ustensiles d'une vacherie, tels que vases à tirer le lait et à faire le beurre, et non ceux d'une fromagerie, et on porte le capital de 6 à 10 fr. par vache. L'intérêt se paye de 5 à 6 pour 100.

4. Entretien de ce capital. Il se calcule, pour une vache, de 86 c. à 1 fr. 30 c.; pour une tête de bétail, de 29 à 57 c. par an ; les balais d'étable, de 43 à 65 c. par vache.

5. Nourriture. Pour une vache qui doit avoir une production de lait constante, on compte de $2^k,50$ à 3 kilog. valeur de foin par jour et par 100 kilog. de l'animal en vie; mais, comme il est plus avantageux d'avoir un petit nombre de vaches bien nourries qu'un grand nombre en mauvaises conditions, il vaut mieux calculer de 3 kilog. à $3^k,50$, en faisant attention que l'alimentation ne devienne pas excessive et ne porte à la graisse.

D'après ces évaluations, l'alimentation d'une vache, telle qu'on l'a dans le sud-ouest de l'Allemagne, revient, par jour, de 10 à 18 kilog. valeur en foin. D'autres points à considérer sont :

a. Si on observe une stabulation permanente, ou bien si, l'été, on conduit au pâturage.

b. Si le pâturage suffit pour nourrir parfaitement le bétail, ou bien si, conjointement, on est encore obligé de nourrir à l'étable.

c. Si le pâturage ne concerne que le jeune bétail, ou bien si les vaches y prennent également part.

d. Si les vaches, en supposant qu'elles restent à l'étable l'été, sont cependant mises en automne sur les chaumes et dans les prés.

e. A quelle période s'étend l'alimentation en vert à l'étable, qui, suivant les localités, peut être, en Allemagne, de quatre à six mois, et comment le fourrage vert et sec est distribué. C'est après tous ces calculs que l'on peut apprécier la consommation et l'entretien des vaches laitières.

Pour ce qui est de l'alimentation du jeune bétail, on sait, en général, par expérience, que, pour se développer parfaitement et vigoureusement, il lui faut, comparativement à son poids en vie, un peu plus de fourrage qu'aux bêtes adultes. On a aussi pris pour mesure de calculer deux têtes, depuis leur naissance jusqu'à la troisième année pour une vache.

6. Du sel. De 6 à 11 kilog. annuellement par tête de vache laitière.

7. Litière. Les extrêmes sont 2 et 5 kilog. La quantité ordinaire, dans des exploitations à stabulation permanente, est de 2 à 4 kilog. Avec une nourriture aqueuse, nommément avec une nour-

riture verte, il faut 4 kilog. paille, et 2^k,50 comme nourriture sèche. Voilà pcurquoi la première quantité est souvent donnée l'étè, lorsque celle-ci suffit, l'hiver, dans les mêmes exploitations. Lorsque l'on donne, pendant l'hiver, beaucoup de racines, ou même des résidus, il faut que la quantité de litière soit la même l'hiver que l'été. Des vaches qui pâturent le jour et passent la nuit à l'étable ont besoin de moins de litière.

8. Médicaments. La moyenne pour une vache est de 15 à 58 centimes par an.

9. L'éclairage est à calculer d'après les mêmes bases qui ont été indiquées pour les bêtes de trait.

10. Soins. Avec la stabulation, on donne, à forfait, 13 c. par vache. Dans de petites exploitations on tient des servantes. Une servante peut soigner de 8 à 10 vaches, et faucher encore avec cela le fourrage vert et l'amener à l'étable, ou, en place de ce dernier travail, employer encore une partie de son temps au jardin ou à la cuisine. Si on a 12 ou 15 vaches, alors une servante est complétement occupée; si on en a 18 à 20, il faut un homme; pour 30 à 36, un homme et un aide.

Dans les années de 1831 à 1837, on tint, à Hohenheim, pour un effectif de 100 à 105 têtes de bétail de rente, parmi lesquelles se trouvaient de 51 à 55 vaches à lait, un personnel de trois hommes et un aide. Ces hommes étaient logés et

nourris, et les gages étaient, pour le premier garçon, de 150 à 200 fr.; pour le deuxième, de 115 à
120 fr.; pour le troisième, de 100 à 115 fr.;
pour le quatrième, 50 fr.

Il n'y avait aucun soin de laiterie, attendu que
le lait était donné immédiatement au fromager.
Un élève de l'école était chargé de la direction et
de la surveillance, tant pour le lait que pour l'alimentation du bétail.

Pour soigner le jeune bétail, un homme suffit
pour 24 à 30 têtes. Si on mène le bétail au pâturage, il faut un pâtre : si ce pâturage a lieu dans
des enclos, un pâtre suffit pour 60 têtes et au delà;
si, au contraire, il est morcelé et traversé de
pièces de terres arables qui ne doivent pas être
pâturées, alors il faut au pâtre un aide pour 40 à
50 têtes.

Pour l'entretien des bâtiments, on calcule
1 fr. 75 c. à 2 fr. 50 c. par vache et par an, et par
tête de jeune bétail de 40 à 50 cent.

Produit d'une vacherie.

1. Production du lait. Veit a trouvé que 100 kilog. de fourrages, valeur en foin, produisent 33 litres 453 m. Pabst ne regarde que comme un produit moyen lorsque 100 kilog. de foin ne produisent que 37 lit., et un bon produit lorsqu'ils
donnent de 45 à 49 litres. D'après lui, une vache

recevant journellement 12 kilog., ou annuellement 4,380 kilog. de fourrages, valeur en foin, donnerait, en moyenne, 1,672 litres de lait.

Block s'appuie sur le poids en vie, et dit que des vaches bonnes laitières, de grande ou petite taille, pour 100 kilog. de poids en vie, donnent pendant 300 jours, pendant lesquels elles peuvent être traitées, annuellement, d'après une grande moyenne, 1 lit. 442 de lait par jour, dans l'hypothèse que pour 100 kilog. de poids en vie on leur donne 3 kilog., valeur en foin, en aliments lactifères. En conséquence de cela, on a à attendre d'une vache pesant 400 kilog. 5 lit. 768 de lait par jour, et annuellement 1,730 lit. 400 ; mais le produit du lait dépend encore, outre l'alimentation, de la disposition de la race et de l'individu à convertir cette alimentation en lait.

La vacherie de Hohenheim fournit, à ce sujet, des données très-importantes au point de vue des qualités laitières de plusieurs races.

Ainsi on a réuni les chiffres d'un tableau d'étude pour l'intelligence duquel il faut cependant observer que l'alimentation a varié de 12 à 16 kilog. de fourrages, valeur en foin, par jour et par tête, et que les diverses races n'étaient pas rationnées séparément, de sorte que les grandes races hollandaises et suisses ont réellement consommé davantage que les petites races de l'Algau et du Limbourg.

201

Les races hollandaise et du Rigi n'ont jamais été pures à Hohenheim ; les autres races le sont.

| ANNÉE. | RACE suisse bigarrée. | RACE rougé du Simmenthal. | PRODUIT ANNUEL. | | | RACE du Limbourg. | RACE de Halle. |
			RACE suisse du Rigi.	RACE hollandaise.	RACE de l'Algau.		
	litres.	litres.	litres.	litres.	litres.	litres.	litres.
1828.....	1669,83	»	1679,01	1853,53	1574,31	1414,49	1423,09
1832.....	1734.12	»	1616,56	1492,56	1636,77	1493,48	1314,37
1833.....	,89	....	1611,86	2356,40	1572,47	1811,54	1665,24
1834.....	2004,74	»	1633,09	2063,03	1740,56	1616,56	1725,40
1835.....	1832,40	»	1602,78	1382,34	1442,42	961,67	1196,35
1836.....	1696,92	1789,23	1628,50	1338,38	1596,35	995,65	»
1837.....	1387,39	1744,23	»	1614,72	1474,19	1538,49	»
1838.....	1768,11	2221,83	»	1878,33	1022,29	1111,39	»
1839.....	1498,53	2015,18	»	1053,51	984,63	1041,58	»
1840.....	1603,70	2189,24	»	»	»	»	»

Emploi du lait.

a. Pour les veaux. Nous avons vu que, dans la plupart des cas, on déduit, dans le compte des vaches, le lait consommé par les veaux, de même que l'époque qui précède le vêlage. Lorsque cela n'a pas lieu, on peut, d'après Volz et Pabst, établir les calculs suivants :

On compte qu'il faut à un veau, suivant son âge, de 3 à 4 litres de lait par jour la première semaine ; de 4 à 5 litres, la deuxième semaine ; de

5 à 7 litres, la troisième et la quatrième; la cinquième, de 3 à 4 litres, avec addition d'eau et autre nourriture; la sixième, de 2 à 3 litres. Si, en moyenne, on sèvre au bout de vingt-huit jours, et que dès ce moment on mette peu à peu de l'eau dans le lait, il faut alors à un veau de 150 à 190 litres de lait.

A Hohenheim, dans les deux années 1835-37, on compte par veau, soit qu'il mourût bientôt après sa naissance, soit qu'il fût livré au boucher ou qu'il fût élevé, une moyenne de 350 litres de lait.

Dans la plupart des pays, il existe des ordonnances d'après lesquelles il est défendu de vendre des veaux pour la boucherie, tantôt pas avant quinze jours d'âge, tantôt qu'au bout de trois à quatre semaines. Dans le Palatinat du Rhin, on vend, suivant les races, à huit ou à quinze jours.

b. Vente du lait en détail ou en bloc à l'entreprise. Dans le Wurtemberg, le litre de lait vaut de 5 à 12 centimes; on le vend de 7 à 8 cent. à Hohenheim. La vente du lait occasionne ordinairement des frais de transport qu'il faut porter en déduction; souvent aussi on éprouve des difficultés pour transporter, pendant l'été, le lait frais, et quelquefois pour empêcher la falsification par les personnes intermédiaires. Nonobstant cela, la vente du lait en nature, même à une distance de

3 à 4 lieues, est la spéculation généralement la plus profitable.

c. Le rendement de la crème est si variable, qu'il est assez difficile d'établir des moyennes dans la fabrication du beurre frais ou du beurre fondu. Ainsi on compte qu'il faut, dans de très-bonnes conditions, de 18 à 20 litres de lait pour faire 1 kilog. de beurre, et, dans des conditions moins favorables, de 35 à 39 litres.

Dans certaines localités, où la fabrication du beurre est la chose principale, on exprime le produit d'une vache laitière, non en litres de lait, mais en kilogrammes de beurre. Par exemple, au lieu de 1,653 litres de lait, on dira 56 kilog. de beurre.

Rudolf André compte 1,837 litres de crème pour 14,696 litres de lait, et $0^k,467$ de beurre pour $0^k,467$ de crème; les $0^k,467$ de beurre, de 86 centimes à 1 fr. 50 cent. le kilogramme, et 1,837 litres de lait caillé à 7 centimes. Zierl estime que 1,837 litres de lait donnent 1,589 litres de lait écrémé, 141 litres de lait de beurre et $52^k,34$ de beurre. Veit compte pour 1,837 litres de lait $46^k,740$ de beurre, et de 1,180 à 1,223 litres de lait caillé. Là où on a l'habitude de saler le beurre, on compte $0^k,467$ de sel pour 5, 6 à $9^k,34$ de beurre.

Pour l'expédition du beurre salé, il faut encore

des vases dont on doit tenir compte. Le beurre non salé ne se conservant et ne s'expédiant pas facilement, on se voit parfois obligé de le fondre, lorsque l'on n'a pas l'habitude de le saler ; mais dans cette préparation il n'y a nul avantage, car le beurre fondu n'a pas beaucoup plus de valeur que le beurre non fondu, et 100 kilog. de beurre frais ne donnent que de 80 à 85 kilog. de beurre fondu.

d. Fabrication du fromage. D'après Pabst, on obtient $0^k,467$ de fromage suisse de commerce de $4^k,674$ à $6^k,071$ de lait gras, ou de $6^k,071$ à $7^k,478$ de lait moins gras, ou de $7^k,478$ à $9^k,348$ de lait maigre.

On estime à une valeur de 646 fr. 50 c. par cinquante vaches les ustensiles nécessaires à la fabrication des fromages. On compte l'usure à 8 pour 100 ; il faut, de plus, ajouter les intérêts du capital, les gages du fromager, le combustible, le sel, la caillette, les matériaux pour teindre les fromages, et ainsi de suite.

2. Produit des veaux.

a. L'exploitation de Hohenheim nous fournit les résultats suivants sur la naissance et la mortalité des veaux.

ANNÉE.	NOMBRE de VACHES.	NAISSANCES DES VEAUX			DONT MOURURENT	
		MALES.	FEMELLES.	TOTAL.	TÊTES.	PAR 0/0.
1832...	55	29	22	51	4	7,8
1833...	55	22	20	42	2	4,7
1834...	51	22	19	41	16	18,0
1835...	51	30	18	48		
1836...	53	22	28	50	7	14,0
1837...	49	26	14	40	1	2,5
1838...	46	26	19	45	4	8,8
1839...	50	18	22	40	7	17,5

Les veaux mort-nés ne sont pas portés en compte. On ne compte la perte que du moment de la naissance. A Hohenheim, on a donc obtenu de 100 vaches 87 veaux ; mais la perte causée par la mort réduisit ce nombre à 77. D'ordinaire, on compte que de 10 vaches il reste tout au plus huit veaux pour la vente ou pour l'élevage.

b. Poids et prix des veaux vendables. Suivant les races, un veau de trois à quatre semaines a un poids net de $18^k,796$ à $46^k,740$; et, suivant les prix de la viande de veau, un tel veau se vend, pour la boucherie, de 8 fr. 68 c. à 34 fr. 50 c. On vend naturellement plus cher lorsqu'il s'agit de l'élever.

c. Proportions des différentes parties du veau. A Schleisheim, on a tué un grand nombre de veaux de 50 à 60 kilog. poids vivant, et on a trouvé que sur 56 kilog. il y a, en viande, foie, poumons, cœur, tête et fraise, environ 40 kilog. Rudolf André a pesé un veau de quatre semaines qui a donné le poids de 48 kilog. ; il a trouvé en viande et tête 71 pour 100, en viscères 8 pour 100, les pieds 3 pour 100, la peau 8 1/4 pour 100 ; au total, 88 pour 100 : le surplus est formé du sang et des excréments.

3. Produit du fumier. Ce produit se compte comme à l'ordinaire et suivant que nous l'avons déjà indiqué.

4. Produits de vente. Lorsqu'on fait naître des élèves de races pures, on obtient quelquefois de beaux résultats de vente ; mais les chiffres sont trop variables pour qu'il soit possible d'établir quelques données.

Dans certains ménages, on tue les vaches pour la consommation sans les engraisser. Rudolf André indique les proportions suivantes des diverses parties de l'animal. Étant donnée, par exemple, une vache du poids de 186 kilog., moyennement nourrié, on obtient, en viande, langue, reins, rognons, suif, 112 kilog. ; peau, 12 kilog. ; tête,

pieds, foie, poumons, cœur et sang, 29 kilóg. ;
entrailles et excréments, 33 kilog.

C. ENGRAISSEMENT DES BÊTES BOVINES.

Il est inutile de refaire ici tous les calculs de
dépenses que nous avons déjà énoncés à l'article
des bêtes de trait et des vaches. Nous ne pouvons
non plus donner les diverses méthodes d'engraissement qui ne rentrent pas dans notre cadre; nous
ferons connaître seulement quelques résultats généraux.

1. Nourriture des bœufs et vaches à l'engrais.

On compte qu'il faut, chaque jour, de 2 à 4 kil.
valeur en foin par 100 kilog. poids vivant, en ayant
soin d'augmenter successivement au fur et à mesure que l'engraissement avance. Schweizen, qui
ne compte en moyenne pour un bœuf de trait que
2 kilog. de foin par 100 kilog. de poids en vie, ce
qui est une alimentation bien faible, suppose, en
commençant l'engraissement de ce bœuf, une ration de 3 kilog., et il la porte peu à peu jusqu'à
6 kilog.; il suppose que l'animal sera gras en dix-
huit ou vingt-cinq semaines.

Block donne les règles suivantes pour la distribution de la nourriture; il suppose un bœuf à en-

graisser à l'âge de neuf ans, et un poids de 467 kilog. au commencement de l'engraissement.

	1re période.	2e période.	3e période.
Pommes de terre.	16^k,82	16^k,82	16^k,82
Grain concassé.	2^k,80	4^k,67	5^k,60
Foin.	5^k,60	7^k,00	8^k,14
Balles de céréales.	2^k,80	2^k,80	1^k,87
Paille de céréales.	2^k,80	1^k,87	0^k,93
Son de seigle.	1^k,40	1^k,40	0^k,93
Tourteaux.	0^k,282	0^k,28	0^k,28
Sel.	0^k,94	0^k,94	0^k,94

La première période dure quatre semaines, la deuxième huit semaines, la troisième six semaines; au total, dix-huit semaines.

On n'indique pas le poids que le bœuf devra atteindre; mais on pense que, en général, ce poids sera tel, que l'on pourra considérer l'engraissement achevé et qu'une continuation de soins n'offrirait plus aucun avantage. On compte qu'un homme peut engraisser dix à quinze bœufs.

2. Accroissement en viande.

Les données fournies par les auteurs sont, sous ce rapport, très-contradictoires; cependant beaucoup de personnes admettent que 10 kilog., valeur foin, donnent journellement 1 kilog. de viande; d'autres disent que ce n'est que 1 kilog. de poids en vie.

3. Rapport des diverses parties d'un animal à l'engrais.

On conçoit que les expériences sur ce sujet ne s'accordant pas, il est impossible que cette proportion puisse être constante, car telle race de bétail donne plus de viande, de suif, etc., que telle autre, et il y a une trop grande différence entre des bêtes maigres, des bêtes en chair et des bêtes tout à fait grasses ; cependant le cultivateur a besoin d'être fixé. Burger, Schweizer, Veit fournissent des données sur ce sujet : le premier, pour le sud-ouest de l'Allemagne ; le deuxième, pour la Saxe ; le troisième, pour la Bavière.

a. Selon Veit, la viande nette monte, pour le bétail maigre, de 43 à 46 pour 100 de son poids vivant ; selon Burger, pour le bétail en bon état, de 52 à 54 ; selon Veit, pour le bétail à moitié gras, de 50 à 53 ; selon Burger, de 54 à 60 ; selon Veit, de 54 à 60 pour le bétail complétement engraissé, et de 61 à 64 pour 100 d'après Burger.

b. Lorsqu'on compare la viande nette avec le suif, alors, d'après Veit, on compte de 4 à 7 kilog. de suif sur 100 kilog. de viande pour des bêtes maigres ; selon Burger et Schweizer, de 6 à 8 kilog. pour des bêtes en bon état ; selon Burger, Schweizer et Veit, de 9 à 12 kilog. pour des bêtes à moitié engraissées ; selon Schweizer et Veit, de

13 à 20 kilog. pour des bêtes complétement engraissées, et, selon Burger, de 13 à 27 kilog.

c. Selon Veit, sur 100 kilog. on compte, en parties de moindre valeur, telles qu'intestins, tête, pieds, de 18 à 22 kilog. pour des bêtes maigres; selon Schweizer et Burger, de 20 à 22 kilog. pour des bêtes en bonne condition; selon Schweizer, Burger et Veit, de 15 à 20 kilog. pour des bêtes à moitié engraissées; selon Schweizer et Burger, de 8 à 12 kilog. pour des bêtes complétement engraissées.

d. Le poids de la peau, pour de grandes bêtes, monte à 9 kilog.; pour de petites, jusqu'à 18 kilog. pour 100 kilog. de viande.

§ III. *Recettes et dépenses.*

Des bêtes à laine.

Les divers modes de spéculation sur les bêtes à laine sont fort nombreux, en raison du choix très-varié des races, depuis le type le plus commun jusqu'au plus fin. La manière d'être de chaque exploitation agricole modifie aussi considérablement l'entretien économique du mouton; ainsi tantôt il convient d'avoir un troupeau de brebis, tantôt un troupeau de moutons à l'engrais, tantôt un troupeau de jeunes bêtes vendues à trois ans.

Nous partagerons notre travail suivant deux ordres d'idées et de faits fort différents : nous verrons d'abord la conduite d'un troupeau mixte, c'est-à-dire d'un troupeau composé de mères et d'agneaux, où l'on vise à la fois à l'élevage et à la production de la laine et de la viande; nous parlerons ensuite des troupeaux d'engraissement, qui demandent des conditions culturales d'une autre nature.

A. TROUPEAUX MIXTES.

Dépenses.

1. Intérêts du capital d'achat. Si la valeur du troupeau ne peut être déterminée par les prix locaux, et que l'on soit obligé de se tenir à des chiffres généraux, on pourra se servir des suivants.

Une brebis dans son meilleur âge, de 2 à 5 ans, coûte :

	Poids en vie.	Poids de la laine.	Prix de la laine par 50 kilog.	Prix par tête.
	k.	k.	fr.	fr
Brebis wurtembergeoises....	de 46 à 60	de 1,40 à 2	de 97 à 130	de 10 à 20
— métisses, grosse race....	de 45 à 60	de 1,40 à 2	de 170 à 280	de 5 à 9
— métisses fines ou mérinos communes.........	de 40 à 46	de 1 à 1,50	de 195 à 237	de 13 à 22
— mérinos fines et anoblies.	de 30 à 46	de 1 à 1,50	de 247 à 312	de 17 à 32
— électorales fines.........	de 26 à 45	de 1/2 à 1	de 323 à 430	de 32 à 65

Il est difficile de donner des règles générales pour la composition d'une bergerie, pas même d'une bergerie purement d'élevage. Cependant on admet que, pour la monte en liberté, il faut compter un bélier pour 25 à 30 mères, et, pour la monte à la main, un bélier pour 50 à 100 mères. Quelquefois, dans ce dernier cas, il est prudent de ne donner que 50 à 70 mères pour un bélier. Dans une bergerie de propagation, le nombre des brebis portières est au moins de 25 pour 100.

Hohenheim peut fournir l'exemple d'une bergerie d'élevage où l'engraissement des moutons est tout à fait secondaire, et où le but principal est l'élevage, et surtout l'élevage des béliers.

Après la composition d'un troupeau, il convient de connaître l'estimation des bêtes, d'âge, de race et de sexe différents.

Ici la race électorale domine.

Le 1er novembre 1838, l'effectif de la bergerie était de 1,747 têtes, et le troupeau était composé ainsi qu'il suit :

a. Brebis portières estimées, l'une dans l'autre, 23 fr. ; soit, race électorale, 35 fr. ; les autres races, de 19 à 22 fr.; les bêtes de rebut, de 9 à 11 fr. On comptait : brebis hors d'âge, 306 ; brebis en 6 dents, 80 ; en 4 dents, 99 ; en 2 dents, 124 : total, 609.

b. Béliers, l'un dans l'autre, estimés 40 fr. Avant l'introduction du prix de la classification, on avait cependant déjà vendu partiellement des

béliers jusqu'à 215 et 240. En moyenne, un bélier électoral est estimé 65 fr. ; un des autres races, 22 fr. ; un bélier à compter au rebut, de
9 à 14 fr.

Il y avait, en béliers hors d'âge, 11; en 6 dents,
15; en 4 dents, 17; en 2 dents, 30 : total, 73.
Dans ce nombre il y avait 8 béliers de remonte,
et quelques-uns pour la réserve.

c. Agneaux, l'un dans l'autre, estimés à 12 fr.

aa. Agneaux femelles, 141; un agneau électoral,
à 15 fr.; ceux des autres races, de 8 fr. 60 c. à
11 fr.

bb. Agneaux mâles, 50; un électoral, à 22 fr.;
ceux des autres races, 15 fr.

cc. Agneaux châtrés, 104, estimés, l'un dans
l'autre, à 8 fr. 50 c.; total des agneaux, 292.

d. Moutons, l'un dans l'autre, estimés à 13 fr.

aa. Ceux en 6 et en 4 dents, 96 têtes de races
diverses, à 14 fr. ; en 2 dents, 77 têtes de races
diverses, à 11 fr. 85 c. : total, 173 têtes.

2. Usure et risques. Dans des bergeries de reproduction qui se complétent elles-mêmes, la perte
est couverte par la jeune génération avec un fort
excédant. Suivant les circonstances et suivant que
les pâturages sont sains, on compte sur une mortalité de 4 à 5 pour 100 des vieilles bêtes. A Hohenheim, pendant plusieurs années, on n'avait
qu'une perte de 1,5, au plus de 4, pour 100.

Comme compensation des pertes, on admet par 100 mères une survivance de 80 agneaux.

A Hohenheim, le rendement de l'agnelage était le suivant :

Sur 100 brebis mères ,

Années	Ont resté stériles	Ont avorté	Ont fait 2 agneaux	Agnelèrent heureuse- ment	Perdirent leur agneau avant le 1er mars	Restèrent donc en vie le 1er mars
1827	7,0	0,0	4,0	96,9	1,0	95,9
1828	3,3	1,4	4,6	99,2	4,2	95,0
1829	6,7	4,7	4,9	93,4	4,7	88,7
1830	5,8	8,1	4,1	90,2	4,3	85,9
1831	8,7	1,0	5,4	95,6	3,0	92,6
1832	1,5	0,8	2,4	100,0	7,6	92,4
1833	12,8	6,3	2,2	83,1	1,2	81,9
1834	9,4	9,1	2,2	83,7	1,0	82,7
1835	13,1	1,9	2,8	87,7	2,2	85,5
1836	13,1	3,1	2,6	86,4	3,1	83,3
1837	18,7	2,7	2,9	81,6	3,4	78,1
1838	18,4	1,4	1,4	81,6	2,8	78,8
1839	27,9	2,9	1,7	70,9	3,6	67,3
1840	33,5	0,0	2,3	58,8	2,8	66,0

Le résultat de l'année 1840 ne concerne que l'agnelage d'hiver ; celui d'été est laissé totalement hors de compte, sans qu'il ait cependant pu exercer une influence sur l'agnelage d'hiver. Seulement le temps de la monte fut un peu abrégé.

Le rapport des sexes dans les agneaux est à peu près le même.

Block obtint plus d'agneaux femelles.

A Hohenheim, on obtint, en

1834, 157 agneaux mâles et 182 agneaux femelles.

1835,	156	—	152	—
1836,	173	—	146	—
1837,	168	—	154	—
1838,	185	—	165	—
1839,	173	—	192	—
1840,	171	—	173	—

3. Intérêts du mobilier de la bergerie et du parc. On estime cette valeur à raison de 50 à 55 c. par tête, ou à raison de 50 à 55 fr. par 100 bêtes ; les intérêts, de 5 à 6 pour 100.

4. Entretien du mobilier, de 3 à 7 c. par tête.

5. Nourriture. Elle se distingue de celle du bétail à cornes, particulièrement en ce que les bêtes à laine sont plus généralement nourries au pâturage. La durée du pâturage est donc particulièrement importante. Elle se règle tout d'abord d'après le climat, la contrée et la rusticité de la race ; il ne faut donc pas s'étonner que plusieurs agronomes comptent pour la durée du pâturage les uns 170 jours, d'autres de 210 à 215 : les uns et les autres peuvent avoir raison pour leur localité. La ration journalière pour des métis fins et pour des bêtes allemandes est de 2 à 4 kilog., équivalent en foin par 100 kilog. du poids vivant de l'animal. Il ne faut pas oublier, dans la ration, de compter aux béliers un supplément d'avoine pour le temps de la monte, et également aux mères un supplément de four-

rage pendant le temps de l'allaitement; par exemple, à un bélier, de 60 à 75 litres d'avoine pendant le temps de la monte.

Dans le Wurtemberg, il y a des domaines où les propriétaires hivernent des troupeaux étrangers, de manière qu'ils fournissent non-seulement le fourrage, la litière, le sel, mais ils nourrissent encore le berger et le payent. Outre le fumier, ils ont encore par brebis portière, ou par mouton en 4 dents, 5 fr. 38 c., ou par mouton en 2 dents, 4 fr. 30 c., et, par agneau ou antenois, 2 fr. 58 c.

Le pâturage d'été, sur les Alpes wurtembergeoises, coûte, par tête, de 2 fr. 15 c. à 3 fr. 45 c., même 4 fr. 30 c.; mais ce dernier prix est exagéré.

6. Du sel. On donne à une bête adulte de $0^k,70$ à $1^k,40$ de sel par an; le plus généralement, $0^k,934$.

7. De la litière. Ici il dépend de savoir si l'on parque et pendant combien de temps. Pour le temps que les bêtes sont à la bergerie, on compte de $0^k,116$ à $0^k,233$ par jour et par tête. Si, l'été, on ne parque pas, on donne jusqu'à $0^k,467$; à un agneau la moitié de la litière que l'on donne à une bête adulte.

Volz compte 165 nuits que les bêtes adultes passent au parc, et 200 nuits qu'elles passent à la bergerie, à $0^k,233$ de litière par tête; donc $46^k,74$ par bête, et $35^k,055$ par tête d'agneau qui ne reçoit qu'un quart de litière, mais qui passe 300 jours à la bergerie.

8. Médicaments. Volz et Flotow comptent 2 c. par tête et par an ; Veit, de 5 à 7 c.

9. Soins. Sur cette dépense on est très-peu d'accord ; ce qui ne provient pas seulement de ce que, là où les pâturages offrent des difficultés, il faut un berger pour 150 à 200 bêtes, et ailleurs, où les circonstances de pâturages sont favorables, un berger pour 350 à 400 bêtes, mais encore de ce que telles méthodes de payement des gages des bergers sont répandues et même prédominantes, qui ne permettent pas au cultivateur de tenir des comptes exacts de payement. Dans ce nombre se trouvent nommément les bénéfices aux époques du parc sur des terres étrangères, des choses en nature en place d'argent comptant, l'autorisation de tenir des moutons pour leur compte ; le payement des gages par une part sur la vente de la laine et sur celle des bêtes, et ainsi de suite.

Dans les pays où s'est introduit le système à forfait, on a des chiffres plus fixes ; par exemple, 1 fr. 7 c. par tête pour la garde du troupeau l'été, et pour les soins à lui donner l'hiver à la bergerie.

10. Entretien des chiens. A Hohenheim, on compte par tête $0^k,934$ de pain de chien et de $0^k,311$ de pain blanc pour faire la soupe.

11. Frais de lavage de la laine, de la tonte et de la vente de la laine. — Mieux un troupeau est soigné, et plus les frais sont considérables. Pour les lavages communs, tels qu'ils se pratiquaient généralement autrefois et tels qu'ils se pratiquent encore aujourd'hui souvent dans des troupeaux très-communs, lorsque tout l'ouvrage est fait par des journaliers, on compte un journalier pour 50 à 60 bêtes; mais, pour cet ouvrage, les prix de la journée sont un peu plus élevés. Quant au lavage par immersion, on paye au laveur une forte journée, outre la nourriture et autres accessoires. Tantôt on paye, à forfait, de 4 à 5 c. par tête; mais alors on donne aux laveurs des aides pour approcher les bêtes et autres secours, et, dans le plus grand nombre de cas, il y a encore plusieurs autres dépenses accessoires à faire.

Le même cas se présente pour la tonte.

A Hohenheim, on paye à une tondeuse 7 c. pour une brebis, un mouton ou un agneau, et 14 c. pour un bélier; mais, à côté de cela, il faut un personnel de 10 à 12 personnes pour 50 tondeuses, pour approcher les bêtes, pour enlever les toisons, les lier, et pour tenir propre la place de la tonte. Suivant l'habileté des ouvriers pour cet ouvrage, une personne peut tondre de 25 à 35 bêtes à grosse laine par jour et de 15 à 25 à laine fine.

Si on emballe la laine dans des sacs, il faut

1^m,35 de toile pour 50 kilog. de laine. Il s'ensuit
que ces frais dépendent de la finesse de la laine,
de la manière que l'opération est exécutée, des
habitudes et des prix du pays. Ces variations dans
les frais sont encore plus grandes dans la vente
de la laine.

Suivant les circonstances, on pourra encore
mettre sur le compte de dépenses de la bergerie
l'entretien des bâtiments pour 7 à 14 c. par tête ;
l'achat de béliers, là où cette dépense devient nécessaire pour l'anoblissement de la race, ainsi que
l'achat des onguents contre la gale.

Recettes.

1. Par la laine. Le poids de la tonte que, dans
une grande moyenne, on peut obtenir d'une brebis portière a été donné ci-dessus. Les gradations, selon l'âge et le sexe, peuvent donc être
acceptées ainsi : lorsqu'une brebis mère donne de
$0^k,934$ à $1^k,167$ de laine, un bélier en donnera de
$1^k,869$ à $2,335$; un mouton, de $1^k,40$ à $1^k,63$; une
bête d'un an, de $0^k,778$ à $1^k,245$; un agneau, de
$0^k,233$ à $0^k,311$.

Si dans un troupeau fin on conserve longtemps
les brebis mères pour la propagation, on perdra
par là un poids sur les toisons.

a. A Hohenheim, dans une moyenne de 6 à
7 ans, les races fines rendirent $0^k,934$ par tête de

tout âge et de tout sexe, y compris les agneaux, qui donnèrent fort $0^k,233$ par tête. Les bêtes adultes ne fournirent donc que $0^k,701$.

b. Les anglo-mérinos rendirent, à cette époque, $1^k,51$ par tête ; le prix moyen de la laine était de 243 fr. les $48^k,61$.

c. La race anglo-germaine donna $2^k,20$ par tête adulte ; le prix moyen était de 148 fr.

Pour ces produits et ces prix de laine, il faut entendre de la laine bien lavée à dos, telle que cette opération se pratique en Allemagne. Dans d'autres pays, par exemple en France, on tond et on vend la laine sans être lavée à dos. En Allemagne, par le lavage à dos tel qu'il est pratiqué, la laine perd 50 pour 100 de son poids ; par le lavage suivant de fabrique, la laine perd encore de 15 à 30 pour 100, suivant que le premier lavage a été plus ou moins parfait : de manière que, sur 100 parties de laine de mérinos non lavée, il ne reste guère plus de 20 à 36 parties de laine entièrement pure, suivant qu'elle renfermait plus ou moins de suint et de saletés. Les prix des laines d'agneaux sont ordinairement différents de ceux des autres parties, plus considérables. Souvent ces faibles parties sont livrées à un prix inférieur à celui de leur valeur réelle ; souvent même, elles sont données gratis, pour faire hausser les prix de la quantité totale. Lorsqu'il n'est question d'au-

cune de ces concessions, le prix de la laine d'a-
gneaux mérinos est du 2/3 au 3/4 du prix de celle
de brebis portières.

La laine d'agneaux de race allemande a ordinairement le même prix que celle des mères. Le
produit total en argent qu'une bête adulte fournit
en laine dans un troupeau de tout âge et de tout
sexe, les agneaux exceptés, est entre 4 fr. 30 c. à
9 fr. 70 c. Telles bêtes de race allemande qui sont
dépéries ou qui sont pauvres en laine, de même
que des mérinos en mauvaises conditions, peuvent
ne rapporter que 4 fr. 30 c., et moins.

Le troupeau du domaine de Seligenthal, près
d'Adelsheim, composé de 400 à 500 têtes adultes,
donna, dans une moyenne de sept ans, de 1825 à
1831, $1^k, 167$. Les $0^k, 467$ se vendaient 1 fr. 50 c.;
la tête de bête à laine rapportait donc pour 3 fr. 45 c.
de laine. Des troupeaux de cette espèce sont encore
fréquents dans l'Allemagne du sud.

Des mérinos fins et riches en laine rapportent
jusqu'à 10 fr. 80 c. ; cependant ces cas sont rares.
Les bonnes bergeries de mérinos des grands domaines du Wurtemberg rapportent de 3 fr. 20 c. à
6 fr. 50 c. par tête, et très-souvent des marchés à
ce prix sont faits avec des Français, qui achètent
alors la laine non lavée à dos.

A Hohenheim, on estime le produit de la laine
par tête de 6 fr. 90 c. à 7 fr. 75 c. pour toutes les

races et pour toutes les classes, à l'exception de la race anglo-germaine, dont le prix par tête pour la laine n'est que de 5 fr. 50 c. à 6 fr. 10 c.

2. Produit des peaux des bêtes mortes. Cet article se rencontre aussi dans les bergeries les mieux organisées et où il n'arrive point de malheurs particuliers. Si les peaux n'ont presque point de laine, on les vend de 53 c. à 1 fr. 7 c. pièce ; avec plus de laine et avec la laine complète, de 2 fr. 15 c. à 6 fr. 45 c. par peau. En moyenne, suivant la finesse du troupeau, on peut compter 2 fr. 58 c. à 3 fr. 20 c. ; une peau d'agneau coûte de 10 à 30 c.

3. Produit par la vente de bêtes à laine. Une bergerie d'élèves en bon état a, tous les ans, un grand excédant en agneaux, en bêtes d'un an, en moutons, en brebis portières et en béliers à vendre. Sa valeur est tantôt à calculer sur la quantité de viande, tantôt selon les demandes des bêtes d'élève, et les données antérieures peuvent servir. Dans des troupeaux distingués, la vente des béliers donne un grand produit. A Hohenheim on obtient, selon la classification, d'un bélier

	RACE SAXONNE, avec—sans laine.	RACE JUSTIGEN, laine de peigne, avec—sans laine.	RACE ANGLO-MÉRINOS, avec—sans laine.
Première classe. . .	95—86 fr.	47,40—39 fr.	39—30,15 fr.
Deuxième classe. . .	47—39	37,00—30	30—21,50
Troisième classe. . .	24—17	24,00—17	24—17,00

4. Rapport du fumier de bergerie et du parc, à estimer d'après le chapitre IV. Dans nos contrées, on n'a pas l'habitude de traire les brebis. Rud. André dit que de 400 brebis un peu anoblies on obtient, dans un printemps à l'époque de l'agnelage, 38 hectol. 16 litres de lait.

B. TROUPEAUX D'ENGRAISSEMENT.

Il y a des domaines sur lesquels l'engraissement des bêtes à laine, et plus particulièrement l'engraissement des moutons, soit dans de riches pâturages ou à la bergerie, est la branche la plus lucrative de l'éducation du bétail. Les chiffres de proportions sont en grande partie les mêmes que pour le bétail à cornes.

1. Nourriture. On donne de $1^k,869$ à $2^k,335$ équivalent de foin par quintal en vie, et le double et le triple de sel que l'on a l'habitude de donner à des brebis portières.

2. Augmentation en viande. Ici se retrouve la confusion que nous avons déjà remarquée : certains auteurs comptent que 10 kilog. de fourrages donnent 1 kilog. de viande ; d'autres, 1 kilog. de poids en vie.

3. Rapport des parties isolées et de la bête dépecée. D'après R. André, un mouton du poids de $36^k,42$, qui n'avait pas précisément été engraissé,

donna, en viande et tête, 50,8 pour 100 ; en suif, 4,6 pour 100 ; en intestins mangeables, 3,8 pour 100 ; en peau avec une laine de 4 mois, 18,5 pour 100 ; en sang et excréments, 22,3 pour 100.

§ IV. *Porcs.*

Recettes et dépenses.

La spéculation des porcs est rarement exercée assez régulièrement pour que l'on puisse indiquer des comptes exacts.

La nourriture des porcs se compose de maints déchets que l'on ne peut ni réduire en foin ni taxer en argent ; la plupart des soins qu'ils exigent sont fournis occasionnellement et comme chose accessoire.

Dépenses.

1. Intérêt et usure du capital et risques. Le capital des porcs, qu'on les ait pour l'engraissement ou pour la propagation, doit produire un intérêt de 5 à 6 pour 100. Une truie portière, suivant l'âge, la race et le poids, a une valeur de 45 à 80 fr. Dans une spéculation de truies portières, on répartit les frais du mâle sur toutes les truies. Un mâle peut suffire pour 40 à 60 truies portières. D'ordinaire, on compte un mâle pour 20 à 30 truies. Pour conserver une bonne race, on peut entretenir

un verrat pour 10 à 12 mères. De même que pour les bêtes à laine, la perte causée par la mortalité se remplace largement par les naissances. Quant au chiffre de mortalité, on compte un mort par 12 vieux porcs, de même un mort par 8 porcs de six mois, et un mort par 7 jeunes, jusqu'à l'âge de six mois. Plusieurs auteurs comptent pour les risques 5 pour 100 du capital.

2. Entretien des ustensiles. De 4 à 29 c. par truie portière.

3. Alimentation. Un porc qui n'est pas fortement engraissé consomme, par 100 kilog. de poids en vie, de 4 à 5 kilog. valeur en foin.

Avec les résidus d'une laiterie à beurre et à fromages, on peut tenir, d'après Pabst, un porc d'un à dix-huit mois par 4 à 6 vaches. D'après un mémoire inséré dans le 28e volume des *Annales de Moeglin*, on entretient dans des contrées marécageuses, sur 5 vaches qui donnent chacune annuellement de 56 à 70 kilog. de beurre, deux porcs qui, par les seuls résidus de la laiterie, sont portés de 93 à 140 kilog. Ils n'obtiennent que dans les six dernières semaines de 36 à 38 litres d'orge égrugée. Dans une laiterie à fromages, on compte le petit-lait de 40 vaches pour élever 8 à 10 petits cochons de lait. D'après Pabst, dans une distillerie, on tient un porc d'un an pour une fabrication journalière de 5 à 6 kilog. de céréales ou de 18 à

23 kilog. de pommes de terre. On donne aux truies portières à chaque portée, soit deux fois par an, un supplément de nourriture composé de 75 à 80 litres d'orge, de pois, de vesces le plus souvent mélangés, et cela quatre jours avant la mise-bas et les six premières semaines qui suivent. Nous manquons d'expériences certaines dans l'emploi du sel donné aux porcs. Du reste, le sel leur est aussi agréable qu'aux autres animaux domestiques : il faut surtout leur en administrer lorsqu'on donne des pommes de terre et de la farine de céréales ; mais le sel paraît superflu lorsqu'on nourrit avec du lait caillé.

4. Litière. On compte de 1,400 à 1,800 kilog. de paille par jour lorsqu'on ne fait pas sortir les porcs et lorsqu'une disposition particulière des réduits à porcs ne rend pas cette litière inutile. Schweizer admet pour la première année 1,167 kilog., et, pour des truies portières et des porcs à l'engrais parvenus à leur croissance complète, 2,335 kilog. par jour.

5. Médicaments. De 10 à 18 c. par an par bête adulte.

6. Éclairage. Une lampe suffit pour 30 à 36 porcs.

7. Soins. Un pâtre suffit pour 30 à 60 porcs ; souvent, du reste, il en faut un pour un nombre moindre : dans ce cas, pour 15 à 20 porcs, on

tiendra un garçon auquel on donne, par jour, de 43 à 54 c. D'ordinaire, ce sont les servantes qui soignent l'alimentation des porcs, et ces soins, pour 14 à 20 porcs, sont à estimer de 43 à 54 c. par jour.

8. Pour châtrer, on paye 86 c. par portée.

Pour l'entretien des réduits à porcs, Veit compte, pour une truie portière, de 43 à 73 c.; pour un jeune porc, de 14 à 21 c. par an.

Recettes.

Les recettes sont le produit de l'élevage, de l'engraissement et du fumier.

1. Une truie portière donne, par portée, de 4 à 14 petits, et elle a deux portées par an. Suivant la fécondité de la race, on estime pouvoir conserver annuellement par truie mère une moyenne de 14 à 20 cochons de lait.

On vend les cochons de lait de 3 à 7 fr. la tête; les porcs âgés de 4 à 6 mois, de 19 à 25 fr.

Veit ne compte en moyenne pour une truie portière, pour les deux portées, que sur 12 petits cochons de lait de 6 à 7 semaines pour la vente, ou que sur 10 à 11 têtes lorsqu'on ne veut les vendre qu'à l'âge de 3 à 4 mois. On regarde comme pouvant être vendu annuellement comme superflu, tant en femelles qu'en mâles, un tiers du troupeau.

2. Pour ce qui est de l'engraissement, Pabst avance qu'un porc du poids de 100 kilog. poids en vie, nourri avec 10 kilog. de seigle ou autre nourriture convenable, augmente tous les jours au moins de 1 kilog. en viande et en graisse. La graisse du porc est de deux sortes, le lard et la panne.

D'après Pabst, 100 kilog. de poids en vie donnent de 70 à 77 kilog. poids de boucherie, et de 5 à 10 kilog. de panne, et 100 kilog. de poids de boucher, de 40 à 50 kilog. de lard.

D'après Burger, 100 kilog. de poids en vie d'un porc à moitié gras donnent 38 kilog. de viande et 47 kilog. de lard et de panne ; des porcs parfaitement gras, 35 kilog. de viande et 50 kilog. de lard et de panne. D'après Schweizer, des porcs mi-gras donnent de 70 à 75 kilog. de viande et de graisse ; des porcs entièrement gras, de 80 à 85 kilog.

3. Le fumier est à calculer d'après la méthode déjà indiquée.

§ V. *Les chèvres, la volaille, les abeilles et les vers à soie.*

L'éducation des chèvres fait, en général, tellement partie de la petite culture, que, quoiqu'elle puisse être d'une très-grande importance dans les pays de montagnes, toutes les données pour évaluer les dépenses et les recettes manquent totalement; de même aussi, on ne fait jamais des estimations partielles sur les produits de la volaille, on n'a que des chiffres généraux.

Flotow, par exemple, compte un produit de 3 fr. 77 c. pour 3 hectares 78 ares ensemencés en orge, avoine, vesces, pois et autres céréales d'été, sans compter que l'on a pour rien la volaille nécessaire pour le besoin de la maison. Par contre, beaucoup de cultivateurs pensent qu'à peu d'exceptions près il n'y a que dans le voisinage des grandes villes où il y ait avantage à tenir plus de volaille qu'il n'en faut pour l'économie de la maison, et pour avoir la viande, les œufs et les plumes dont on a besoin.

L'éducation des abeilles peut devenir très-profitable lorsqu'on se trouve dans une localité favorable, que l'on a du bonheur et du savoir-faire; du reste, sur un grand domaine du sud-ouest de l'Allemagne, elle ne pourra jamais être regardée comme un objet d'un produit certain, et on ne devra jamais non plus la comprendre dans une estimation préalable.

Le succès de l'éducation des vers à soie est en Allemagne totalement douteux, et nous n'en parlerons pas.

Section deuxième.

DU CHOIX D'UNE ESPÈCE DÉTERMINÉE DE BÉTAIL DE RENTE.

Lorsqu'un entrepreneur de culture a bien étudié sa position et qu'il sait positivement de quel nombre d'attelages il a besoin et quelle espèce d'attelage lui convient le mieux, lorsque, de plus, il est parvenu à connaître le nombre de bétail de rente dont l'exploitation elle-même a le plus pressant besoin, nommément le lait et la viande nécessaires pour le ménage, il a à s'occuper de la question très-influente pour le succès de son entreprise, savoir avec quelle espèce de bétail il pourra tirer le meilleur parti de son fourrage, ou de quelle façon il aura son fumier au meilleur marché. Il y a, il est vrai, des cas où un homme intelligent ne sera pas un seul instant embarrassé sur le choix à faire : par exemple, dans beaucoup de vallées à pâturages, on ne peut tenir que des bœufs à l'engrais ; dans d'autres, que des vaches à lait ; sur tel pays de hauteurs que des vaches à lait, sur tel autre que des moutons ; mais le plus généralement le choix est épineux, et très-souvent, dans ce cas, on commet des fautes. Ces fautes sont d'autant plus préjudiciables, en ce qu'elles n'atteignent pas seulement le bétail, mais en ce qu'elles exercent leur influence funeste sur tout le

système d'exploitation ; et il faut bien se dire que
le produit net ne peut être le plus élevé possible
que là où la production du sol et l'éducation du
bétail se trouvent dans une harmonie parfaite. En
tous cas, la question pour une localité déterminée
peut être résolue jusqu'à un certain point, en ébau-
chant le plus exactement possible des calculs de
détails ; mais on ne peut pas obtenir ces chiffres
d'une manière tellement précise, qu'il ne reste forcément une grande lacune entre la plus forte et la
plus faible dépense, entre le plus haut et le plus
bas produit de chaque branche. Dans la plupart
des cas, ce ne sera qu'une longue et coûteuse
expérience qui confirmera ou rejettera les suppo-
sitions sur lesquelles on s'était appuyé. Ce serait,
d'ailleurs, une occupation excessivement difficile
et pénible que de calculer l'un après l'autre tous
les cas possibles ; encore y aurait-il toujours des
cas imprévus. Ce sera donc bien abréger le travail que d'avoir des points de vue généraux, dont
on pourra conclure d'avance s'il est plus convenable d'avoir des moutons ou des vaches, ou une
laiterie ou un engraissement. Ce n'est qu'alors
que l'on fera bien d'entrer dans les calculs de détail ; par exemple, si pour les bêtes à laine on doit
donner la préférence aux bêtes communes ou aux
bêtes fines. Il en sera de même pour le bétail à
cornes, quelle race on devra se procurer et quelle

direction on devra lui donner. Les considérations suivantes surtout doivent diriger le choix du bétail de rente.

1. La qualité du fourrage, tant au pâturage qu'à l'étable; le climat; le sol; l'étendue du domaine; les industries accessoires qui existent ou que l'on peut établir; la composition du domaine, nommément s'il se trouve beaucoup de pièces de terre qui ne peuvent servir que comme pâturages; enfin le système de culture intensif ou extensif.

2. Les marchés et les débouchés surtout pour les produits animaux.

3. Le fumier, en tant que suivant la qualité du sol et les exigences des plantes; c'est tantôt le fumier de telle espèce de bétail, tantôt celui de telle autre espèce qui convient le mieux.

4. Les connaissances spéciales que possède le cultivateur dans telle ou telle partie de l'entretien du bétail. Tel homme, en effet, qui obtient de grands succès dans l'éducation des bêtes à laine fine pourra fort bien échouer dans l'engraissement des moutons communs, où le succès dépend beaucoup des achats des ventes et de l'aptitude dans les relations commerciales; tel autre, au contraire, réussira mieux dans cette dernière branche et échouerait dans la première.

5. Le capital; car il existe une grande diffé-

rence dans les avances qu'exigent les diverses espèces ou les diverses races de bestiaux.

Outre ces considérations dominantes, il y en a
encore parfois de toutes locales à observer, par
exemple le défaut d'eau, l'impossibilité de disposer les bâtiments pour une autre espèce de bétail, l'usage de certains droits qui sont limités
exclusivement à une espèce de bétail, comme droit
de parcours pour les bêtes à laine, droit de pa-
cage pour les porcs; de plus, des obligations con-
senties par bail, et ainsi de suite.

I. *Les chevaux.*

Dans les exploitations où l'on cultive avec des
chevaux, on a souvent de ces animaux au delà du
besoin, et on tient des poulinières, dont on élève
les poulains; quelquefois on établit des haras proprement dits.

1) Élevage des chevaux. Il peut être profitable
d'élever des chevaux pour soi, alors même que les
jeunes chevaux reviendraient au même prix qu'au
marché; car avec un traitement convenable et un
choix judicieux des animaux propres à faire souche
on obtient de cette manière des chevaux excellents,
qui ont le grand avantage d'être habitués à la
nourriture et à l'eau du domaine. Sous tous les
rapports, ils seront plus sûrs que ceux qu'on au-

rait achetés. Si on veut élever des poulains au delà
du nécessaire, on aura, il est vrai, l'avantage du
choix; mais, dans ce cas, il peut se faire que l'excédant ne sera pas toujours vendu à sa valeur réelle ;
d'où il résulte que souvent cette spéculation ne
présentera nul profit dans des contrées à culture
intensive. D'après ce que nous avons vu à ce sujet,
il s'agit ici tout d'abord de savoir quel prix on
obtiendra des poulains, puisque les dépenses d'élevage des bêtes de races communes ou de noble race
sont à peu près les mêmes. Lorsqu'on a le capital
nécessaire pour se procurer une bonne race pou-
linière de travail, ainsi qu'un étalon convenable,
lorsqu'on connaît parfaitement l'élevage des chevaux et qu'on sait les soins nécessaires, on peut,
par ce moyen, donner peut-être aux fourrages
une plus haute valeur que par tout autre bétail de
rente, car on sait aujourd'hui que de vastes étendues de pâturages ne sont pas du tout nécessaires
aux poulains. De nombreuses expériences et particulièrement les observations faites à Hohenheim
ont démontré qu'une carrière de 65 à 80 ares
remplace parfaitement le pâturage pour 8 à 10 poulains.

2. Des haras proprement dits. Les haras où les
poulinières servent uniquement à la reproduction
ne peuvent être établis d'une manière profitable
dans aucune contrée peuplée de l'Allemagne;

l'État seul doit les entretenir dans des vues nationales, et quelques riches propriétaires en font
une affaire de goût. On trouve aussi quelquefois
l'élève du cheval en grand dans des localités peu
peuplées, et sur de vastes espaces incultes où les
fourrages ne conviennent ni au bétail à cornes ni
aux moutons.

II. *Les bêtes à cornes.*

L'entretien de la race bovine rivalise en importance avec l'éducation des bêtes à laine, et en
cela les chevaux et les porcs sont inférieurs. Lorsqu'on organise une exploitation rurale, c'est surtout
entre les bêtes bovines et les bêtes ovines qu'il
faut faire un choix judicieux. Il importe de bien
déterminer, par un état rigide de comparaison,
auxquelles il convient de donner la préférence : sur
de grands et même de moyens domaines, il est souvent convenable d'entretenir les deux espèces à
la fois, et il peut arriver que, dans bien des localités où, il y a vingt ans, l'éducation des bêtes à
laine fine était le plus profitable, il faille aujour-
d'hui donner la préférence aux vaches laitières ou
aux bœufs à l'engrais ; d'où la nécessité, même en
ayant les deux espèces, de fixer celle qui doit être
prépondérante.

A. LES BÊTES BOVINES ET LES BÊTES OVINES COMPARÉES.

Les produits du bétail à cornes sont presque partout indispensables; ceux des bêtes à laine le sont, en général, beaucoup moins, surtout pour un domaine privé. A la rigueur, de grandes étendues de pays peuvent même se passer de laine, attendu que ce produit appartient au marché du monde entier, et qu'on peut souvent obtenir de loin des draps à aussi bon marché que chez soi. Mais les bêtes ovines seules peuvent tirer un parti avantageux d'une multitude de pacages qui, sans elles, seraient perdus, et cette considération suffit pour balancer les avantages des bêtes bovines.

Dans les comparaisons de détail, nous trouvons ces avantages tantôt d'un côté, tantôt de l'autre.

1. Un climat chaud et humide convient moins aux bêtes à laine qu'au bétail à cornes, et, si la nourriture d'été des bêtes bovines pouvait être aussi économique que celle des bêtes à laine, l'avantage des premières serait incontestable, car les années humides exercent des ravages considérables dans les troupeaux de bêtes à laine.

2. Des pentes abruptes, des versants de montagnes conviennent davantage aux moutons. Ces pentes présentent beaucoup de pâturages naturels

qui ne peuvent être utilisés que par les bêtes à laine; et, lorsqu'on manque d'eau, c'est alors que la question est décidée en faveur de ces dernières. Des bas-fonds, de vastes plateaux sont plus avantageux aux bêtes à cornes. Sur certaines chaînes de montagnes il y a concurrence, et alors le choix doit être déterminé par d'autres considérations.

3. Un sol léger, sec, chaud convient mieux aux moutons; un sol compacte, humide, froid convient mieux aux bêtes à cornes. Un sol peu fertile, d'une végétation faible, appartient plus aux premiers, et un sol riche à végétation plantureuse aux seconds. On sait qu'un sol léger et maigre demande du repos et un engazonnement périodique, et qu'il est incapable de produire les espèces de trèfle les plus profitables, qui forment la base de la stabulation; en sorte que les pâturages ne peuvent que faire vivre des bêtes à laine, tandis que le contraire a lieu sur un sol compacte et riche.

4. Des marchés avantageux pour les produits végétaux, et la culture soignée qui en est la conséquence; le défrichement de tous les pâturages; la diminution ou même la suppression complète de la jachère pure; la culture de récoltes dérobées en été et en automne, après l'enlèvement d'une récolte; en un mot, une culture intensive du sol autant que possible, restreignent l'éducation des

bêtes à laine. De mauvais marchés pour les produits des végétaux, et la culture extensive qui en est la suite, favorisent l'éducation des moutons, tant qu'on n'a pas résolu si le fourrage est mieux payé par la laine ou la viande de moutons, ou par le beurre, le fromage, l'élève ou l'engraissement du bétail à cornes.

5. Le morcellement de la propriété empêche l'éducation des bêtes à laine, ou au moins la rend difficile, tandis que des plaines arrondies, particulièrement les grands domaines, la favorisent. Les pâturages artificiels, qui lui sont d'un si grand secours avec la petite propriété, sont ici d'une facile exécution.

6. Une population nombreuse est une cause déterminante pour donner la préférence aux bêtes à cornes, et supprime souvent complétement l'éducation des bêtes à laine. D'un côté, les premiers besoins de cette population sont satisfaits particulièrement par le bétail à cornes, et dans de telles circonstances on jouit d'un bon et sûr marché pour les produits; d'un autre côté, dans des contrées très-peuplées, la culture se transforme en jardinage. Alors non-seulement il n'est plus question de faire des pâturages, mais toutes les mauvaises herbes sont même arrachées, et toutes les lisières des chemins sont faucillées pour nourrir les vaches; celles-ci, dans ces localités, ont une

haute valeur par le prix toujours élevé du lait. Une population faible ne force pas toujours le cultivateur à se livrer à l'éducation des bêtes à laine ; mais c'est souvent là le meilleur bétail de rente dans de telles circonstances. La laine se transporte à de grandes distances ; le marché est vaste.

7. D'anciens droits de parcours maintiennent encore souvent artificiellement l'éducation des bêtes à laine dans des contrées où , sans ces droits , on ne verrait plus de grands troupeaux de moutons ; mais il faut dire que le maintien de ces troupeaux engage d'autres propriétaires à avoir des bêtes à cornes.

8. Dans plusieurs espèces de sols, le fumier des bêtes à cornes convient mieux ; dans d'autres, c'est le fumier des moutons. Le parc , nommément, est regardé, pour certaines convenances culturales, presque comme indispensable ; il a une valeur particulière pour des pièces de terre éloignées et situées en fortes pentes ou d'une approche difficile pour le transport des fumiers. Par le parc, comme en général par l'entretien des bêtes à laine, on peut économiser la paille ; par contre, les bêtes à cornes augmentent la valeur d'une grande récolte de paille.

9. Enfin, et cette grande question domine l'économie entière d'une exploitation agricole, l'éducation des bêtes à laine permet de simplifier tous

les rouages que multiplie l'éducation des bêtes à cornes. Chacune de ces deux branches est, à son tour, dominée par les diverses parties du domaine, soit par les terres arables, les prés et les pâturages, soit par l'ordre et l'enchaînement de la culture et des productions végétales.

B. SPÉCULATIONS LES PLUS IMPORTANTES DE L'ENTRETIEN DES BÊTES BOVINES.

1. Laiterie sans élevage.—La production exclusive du lait avec des vaches laitières qu'on ne conserve que momentanément et que l'on revend dès que le lait diminue n'offre des avantages certains que dans des circonstances particulières où le lait a une haute valeur, par exemple dans l'intérieur même des grandes villes, ou à peu de distance de grands centres de population.

Dans de telles circonstances et vu le changement continuel des vaches, il faut renoncer à avoir une race de prédilection; il est entendu aussi que les occasions de faire des achats de vaches en frais lait ne doivent pas manquer.

2. Laiterie avec l'élevage nécessaire à la conservation d'une race. — Dans ce cas, on n'élève de veaux qu'autant qu'il en faut pour remplacer les vaches et les taureaux de réforme, et on vend les autres le plus tôt possible, d'ordinaire au boucher.

Par là on conservera non-seulement une bonne race, mais, avec un choix judicieux des sujets, on peut arriver à un produit toujours ascendant. Cette spéculation, même avec un haut prix du lait, peut offrir de bons profits. Des calculs spéciaux adaptés à la localité décideront s'il vaut mieux vendre le lait en nature ou en faire du beurre ou du fromage.

3. Laiterie avec élevage plus considérable. — Lorsque cette industrie s'exerce sur des races communes, c'est alors plutôt l'affaire de petits propriétaires que de grands cultivateurs, et elle convient mieux à des contrées où le bétail à cornes est envoyé aux pâturages qu'à celles où l'on a introduit la stabulation permanente. Le petit propriétaire trouve surtout un avantage à dresser au travail les jeunes bêtes qu'il a élevées lui-même. Il obtient ainsi un travail à bon marché, et il vend les bœufs à l'âge où ils conviennent à de grandes exploitations. Si l'on voit de grands domaines et et des exploitations à stabulation permanente faire avec avantage de tels élevages, c'est alors une preuve que le lait trouve un mauvais débit, ou bien que ces établissements possèdent une race tellement anoblie qu'elle jouit d'une réputation incontestée et reconnue. Dans ce cas, cette race est recherchée, et ce n'est qu'ainsi qu'il peut être avantageux d'élever plus de jeunes bêtes qu'il en

faut pour son propre usage, et de les garder jusqu'à un certain âge. Le prix des bêtes d'élevage
devra être tellement élevé, que le fourrage et nommément la perte du lait trouvent une large compensation.

4. Élevage seul, sans autres vaches que celles
nécessaires aux besoins du domaine. — Le jeune
bétail est souvent acheté à l'âge de six mois ou à
l'âge d'un à deux ans, et conservé jusqu'à ce qu'il
trouve des amateurs, ou comme vaches à lait, ou
comme bêtes de boucherie, ou comme bêtes de
trait. Sur de grands domaines où la vente du lait
est impossible et où la fabrication du beurre ou du
fromage n'est pas profitable, on trouve ce genre
de spéculation avec des avantages marqués. Pour
cela, il faut une connaissance profonde du bétail
et du savoir-faire industriel.

5. Engraissement du bétail à cornes. — Tout
engraissement suppose beaucoup de fourrage et un
fourrage convenable; peu importe que ce fourrage soit pris au pâturage ou à l'étable. Lors même
que l'engraissement ne forme qu'une branche accessoire de l'exploitation, il est nécessaire qu'au
moins pour les bêtes à l'engrais la provision de
fourrage soit abondante; il faut, de plus, que le
cultivateur qui se livre à l'engraissement en grand
possède de solides connaissances en bétail et en
commerce. Certains pâturages ne conviennent qu'à

l'engraissement du bétail à cornes. Dans ce cas, cette branche d'industrie est indiquée par la nature; il en est de même lorsque le foin et les céréales sont à bon marché.

Lorsque sur une exploitation on se livre à une industrie accessoire, telle qu'une distillerie ou une féculerie, on a une masse de résidus qui ne sont pas vendables, et bien souvent cette masse de nourriture, donnée aux bêtes à l'engrais, peut être considérée comme bénéfice net. Dans les localités où l'on manque de débouchés pour le bétail maigre, on est quelquefois forcé de se livrer à l'engraissement; de même, dans les localités où le débouché des bêtes grasses est facile, on a intérêt à engraisser. Suivant ces circonstances, on n'engraisse que l'hiver ou que l'été, ou bien encore toute l'année. L'engraissement d'hiver se base sur l'emploi des racines ou bien sur celui des résidus; il a aussi souvent lieu pour rendre plus vendables les bêtes que l'on avait fait travailler durant l'été. L'engraissement d'été suppose des pâturages gras ou du fourrage vert en abondance, ou bien du foin à bas prix, et particulièrement du regain. Une brasserie facilite aussi l'engraissement d'été.

Il est rare que l'on engraisse des taureaux en vue de bénéficier. Ces animaux, à un certain âge, deviennent naturellement assez gras pour être tués pour la maison ou pour être vendus immédiatement au boucher. Le plus généralement on engraisse des bœufs. Le voisinage de villes populeuses favorise l'engraissement ; cependant les bœufs gras se transportent facilement à de grandes distances.

Les jeunes bêtes sont très-recherchées dans le voisinage des petites villes, où elles se vendent mieux que les fortes bêtes. Les vaches grasses trouvent presque partout, à la ville et à la campagne, un bon débit, malgré que la viande de vache ne soit guère estimée. Les veaux de lait ne sont une branche lucrative que dans le voisinage des grandes villes, où la qualité de la viande est appréciée et payée à sa valeur.

III. *Les bêtes à laine.*

La viande, la laine, ou des bêtes d'élève, sont les buts principaux que l'on a en vue avec les bêtes ovines. Lorsque la laine avait moins de valeur qu'aujourd'hui, le lait de brebis se comptait plus scrupuleusement; il y a, du reste, encore certaines contrées où l'on en tire parti. On trait les brebis tant pour les besoins du ménage que pour la vente du lait. Ce lait se vend dans le voisinage de quelques grandes villes, où il y a des amateurs de lait de brebis ; cependant les localités où ce lait se paye bien deviennent de plus en plus rares. On

ne peut donc pas établir sur ce sujet des calculs
très - sûrs, et les autres branches de spéculation
que l'on peut faire avec les bêtes à laine sont assez
nombreuses pour offrir un choix au cultivateur.

A. COMPARAISON DES BÊTES A LAINE ALLEMANDES
A LAINE COMMUNE AVEC LES MÉRINOS DE GRANDE
FINESSE.

On doit ici tout d'abord comprendre, parmi les
bêtes à laine allemandes à grosse laine, celles du
sud-ouest de l'Allemagne, qui en même temps
fournissent beaucoup de bonne viande. Ces animaux exigent une nourriture abondante, par conséquent de gras pâturages ; mais ils sont peu difficiles sur la qualité des fourrages. Ils se contentent
de toute espèce de pâturages, aussi longtemps
que la terre n'est pas couverte de neige et la température par trop défavorable ; ils bravent la pluie
et le froid à un très-haut degré, et, comme on ne
les conserve pas au delà de leur meilleur âge et
qu'on les livre alors à la boucherie, on n'éprouve
pas avec eux, sur des pâturages humides, les
mêmes pertes qu'avec les bêtes fines. Ces dernières
ont besoin d'un fourrage choisi et tendre au pâturage et à la bergerie, et elles exigent impérieuse-
ment les prairies artificielles. Il faut les nourrir
longtemps à la bergerie. Elles sont délicates et

sensibles à la mauvaise température, à l'humidité.
Les pluies gâtent leur laine. Si l'on n'a pas des
bêtes fines le plus grand soin, les pertes sont d'autant plus grandes que les réformes se multiplient
et par l'âge, et par les maladies, et par la qualité
de la laine. Or le capital d'un tel troupeau est
toujours fort élevé.

Schmalz assure que, dans la Poméranie, il
y a beaucoup de troupeaux dont la valeur est
plus forte que celle du domaine sur lequel ils se
trouvent.

Ces points de comparaison suffisent souvent
pour décider du choix; mais nous en avons encore
d'autres à voir.

Lorsque l'on a l'habitude de parquer, les gros
moutons allemands sont bien préférables aux bêtes
fines. Il en est de même dans tous les lieux où la gale
est une maladie endémique, et ceux où les laines
fines ne trouvent pas un facile débouché. Lorsque,
par une cause quelconque, on ne peut pas tenir un
troupeau à soi, et qu'on est forcé de mêler plusieurs
troupeaux ensemble, l'élevage des bêtes à laine
fine se payera rarement. Dans de telles circonstances, on ne saurait appliquer l'intelligence, les
soins et l'énergie nécessaires, qui seuls peuvent
procurer le revenu que l'on est en droit d'attendre
d'une bergerie à laine fine; alors on se trouvera
généralement mieux de la production de la laine

commune ou de finesse moyenne, jointe à celle de la viande.

Enfin le prix et la demande de bonne viande de moutons décideront en dernier ressort, puisque, sous ce rapport, les moutons fins sont très-inférieurs. A la vérité, dans le sud-ouest de l'Allemagne, le marché indigène n'est pas favorable pour la viande de moutons, parce qu'elle n'est pas payée à sa valeur, comme cela a lieu en France et en Angleterre. Mais avec l'exportation en France, laquelle est favorisée par le facile transport de ces animaux, les prix sont quelquefois tels, que l'on peut aisément sacrifier la laine pour ne s'occuper que de l'engraissement.

B. SPÉCULATIONS LES PLUS IMPORTANTES DE L'ENTRETIEN DES BÊTES OVINES.

1. Brebis portières destinées uniquement à produire de la laine et des agneaux. — De tels troupeaux de race peuvent être les plus lucratifs, et le revenu en béliers et en bêtes de réforme peut dépasser de beaucoup celui de la laine et de la viande, bien que la laine doive déjà produire une très-belle rente, puisque sans cela personne ne voudrait acheter de la souche.

Pour la réussite de troupeaux de cette espèce, il faut

a. Une haute intelligence et une capacité spéciale de la part de l'administrateur, qui doit connaître en même temps les besoins de l'époque et l'opinion des amateurs ;

b. Un troupeau qui, par son origine autant que par sa valeur intrinsèque, soit au-dessus de toute critique, qui jouisse, par conséquent, d'une réputation intacte ;

c. Un concours favorable de toutes circonstances économiques qui promette de maintenir ces bêtes de prix dans un état convenable, et notamment en bonne santé ;

d. Un fort capital ;

e. Un bon débouché. Sous ce dernier rapport, on pourrait croire d'abord qu'un établissement isolé, situé loin de tous troupeaux de race, serait particulièrement favorable ; mais une longue expérience a démontré qu'il en arrive ici comme dans le commerce, et que le voisinage de semblables troupeaux attire un plus grand nombre d'amateurs. On doit convenir cependant qu'un nombre illimité de troupeaux semblables amènerait nécessairement une concurrence ruineuse.

2. Brebis portières particulièrement entretenues pour la production de la laine. — Ces troupeaux sont particulièrement répandus dans le nord et le centre de l'Allemagne, et ils trouvent là, par la réunion de circonstances convenables, la meilleure

réussite, tandis que dans le sud-ouest de l'Allemagne, où, du reste, on voit également de tels troupeaux, c'est une grande question de savoir si la viande ne doit pas toujours être le principal produit, ou du moins s'il ne convient pas de lui sacrifier la finesse de la laine.

Le succès de ces troupeaux demande de forts marchés à laine, bien organisés, et un entrepreneur sans cesse au courant des progrès de la fabrication des draps et même des variations de la mode; car il trouve toujours de nombreux concurrents dans les marchands de toile et de coton, qui cherchent à rivaliser avec lui.

3. Brebis portières, avec élevage d'agneaux, abstraction faite de la laine. — Dans cette organisation, on vend des agneaux ou des bêtes d'un an, et ce commerce est constamment nécessité par les producteurs de bêtes grasses, lesquels ne peuvent pas s'occuper simultanément de l'élevage des agneaux et de l'engraissement. Un troupeau de brebis mères de ce genre, bien soigné, donne souvent de beaux revenus. Le plus ou le moins de profit dépend de l'espèce des moutons que veulent avoir les engraisseurs : si ce sont des bêtes fines, ou des bêtes communes, ou des métis.

4. Élevage d'agneaux. — Dans les troupeaux de brebis portières de race commune, on ne conserve généralement que les agnelles pour la reproduc-

tion, et on vend les agneaux après les avoir fait châtrer ; ceux-ci passent un an ou deux dans des localités de choix ; puis ils sont de nouveau revendus pour d'autres lieux.

5. Engraissement des bêtes à laine. — Les bêtes de réforme d'un troupeau fin, mises à l'engrais, ne donnent que peu de profits ; mais on n'a presque jamais d'autre ressource pour se défaire de ces bêtes. Il en est souvent de même des moutons de moyenne finesse. D'ordinaire ces animaux n'atteignent pas le poids exigé par les bouchers, et on prétend que la qualité de leur viande ne vaut pas celle des gros moutons communs de l'Allemagne ; ceux-ci sont excellents pour l'engraissement. Sur des pâturages qui ne conviendraient à aucune autre bête à laine, ou avec une bonne nourriture à la bergerie et un supplément de grains dans la dernière période de l'engraissement, ils rendent de beaux bénéfices ; mais c'est là une spéculation qui demande une habitude consommée, une adresse particulière pour les achats, et, pour la vente, un débouché certain.

IV. *Les porcs.*

L'entretien des porcs en petit, si répandu jusque dans les derniers ménages de campagne, ne convient, en grande spéculation, que lorsque l'on

peut disposer de beaucoup de résidus de laiteries,
de fromageries, de brasseries ou autres, ou bien
lorsque l'on a des pâturages qui ne conviennent
pas à d'autres bestiaux, notamment aux bêtes à
laine; par exemple, des vallées basses remplies
d'eau, des forêts ombragées. Dans certains pays
arriérés, on laisse paître les porcs à l'aventure sur
les terres arables; mais nous ne parlerons pas ici
des porcs à l'état sauvage, que l'on trouve dans le
sud de la Hongrie et la Servie, quoique le commerce de ces animaux exerce une certaine influence en Allemagne, puisqu'il n'est pas rare de
voir, dans la Souabe et le long du Rhin, de jeunes
porcs qui viennent de ces pays.

Spéculations les plus importantes.

1. Entretien de truies pour l'élevage. — Lorsque
cette spéculation est bien conduite, elle peut devenir très-lucrative. Pabst dit qu'il n'est pas rare
de voir la vente de petits cochons de lait, produits
dans un an par une truie, rapporter plus qu'une
vache qui aurait donné son veau et du lait en quantité normale; mais, pour arriver à de tels résultats, il faut, avant tout, beaucoup de soins et
d'expérience, et de plus, comme pour toutes les
autres jeunes bêtes dont on veut faire commerce,
il faut avoir une bonne race et un bon débouché.

Après avoir réservé les petits cochons de lait dont on a besoin pour la conservation de la race, on vend les autres soit pour l'élevage, soit pour la consommation. Le voisinage d'une grande ville offre un précieux débouché à cette marchandise.

2. Jeunes porcs d'élevage. — L'entretien de ces jeunes animaux, de l'âge de 3 à 8 mois, forme une branche d'exploitation intermédiaire, comme cela a lieu pour les autres animaux domestiques, et convient toutes les fois que l'on ne peut pas ou que l'on ne veut pas avoir des truies portières ou des porcs à l'engrais. Quelques cultivateurs s'arrangent cependant de manière à nourrir quelques truies, qui alors fournissent tous les jeunes cochons dont ils ont besoin.

Le renouvellement du capital consacré à cette spéculation est très-prompt. On achète en gros la quantité voulue de jeunes porcs âgés de 2 à 3 mois, et on les revend à 6 ou 9 mois. L'homme qui entend bien ces deux opérations est assuré de faire de bonnes affaires, et il est à remarquer que l'entretien des animaux n'exige pas des circonstances extraordinairement favorables. Le principal est un bon débouché, lequel, du reste, peut très-bien être apprécié pour cet article, du moment que l'on a quelques connaissances des localités, et on s'arrange pour augmenter ou diminuer l'élevage, suivant les demandes.

3. Engraissement des porcs. — L'engraissement
des cochons a cela de commun avec tous les en-
graissements, il exige une nourriture abondante;
mais cette nourriture n'est pas la même que pour
les autres animaux.

Pabst distingue plusieurs méthodes d'engraissement.

a. Avec du lait écrémé ou du petit-lait. Cette
alimentation donne une viande tendre; mais le
lard est trop mou, si l'on n'ajoute pas quelque
autre substance nutritive.

b. Avec des pommes de terre et des navets seuls,
on n'arrive qu'à mettre les animaux en chair; il
faut, en plus, du grain.

c. Avec les résidus de féculeries, de distilleries
et de brasseries. Ces résidus sont très-bons; mais
il faut encore ajouter des grains à ceux qui proviennent exclusivement des pommes de terre.

d. Avec des grains purs. Les résultats sont
excellents, mais la méthode est généralement coûteuse; il convient de se régler sur le prix des
céréales.

e. Avec des glands et des faînes. Les glands
donnent une chair ferme, les faînes une chair
molle.

Il s'agit maintenant de savoir à quel âge il convient le mieux de livrer les porcs à l'engraissement.
Pabst fait dépendre entièrement du débouché la

solution de cette question. Dans plusieurs localités, par exemple dans le voisinage des petites villes, on se trouve mieux, suivant lui, de donner la préférence aux porcs de 8 à 10 mois, et de se contenter de faire du demi-gras. Dans le voisinage des grandes villes, et lorsque l'on traite avec des charcutiers, il vaut mieux prendre des animaux adultes, d'une forte race, et les pousser à un complet engraissement.

Section troisième.

PROPORTION, PAR HECTARE, DU NOMBRE DE TÊTES DE BÉTAIL.

Dans cette étude, nous n'entendons pas faire la statistique de tous les bestiaux d'un pays, mais embrasser seulement un domaine donné. Les résultats que l'on obtient du dénombrement de tous les bestiaux d'une localité sont fort différents; ainsi on est obligé de tenir compte même de la vache du journalier, qui n'a aucune propriété. Ici il s'agit uniquement de savoir combien de têtes de bétail peuvent être entretenues sur une surface donnée, eu égard à la fécondité de la terre et au système de culture suivi.

Ainsi on compte une tête de bétail

a. Par 180 à 250 ares, sur un sol moyen en culture triennale, où les prairies permanentes fournissent presque tout le fourrage nécessaire;

b. Par 150 à 200 ares, sur une meilleure terre et avec un système de culture plus perfectionné ;

c. Par 125 à 150 ares, avec l'agriculture alterne ;

d. Par 90 à 125 ares, sur une exploitation riche, possédant des ressources extraordinaires en fourrages. L'éducation du bétail commence alors à l'emporter sur la culture des terres arables.

CHAPITRE VIII.

DU CAPITAL.

A. CLASSIFICATION DES CAPITAUX EMPLOYÉS DANS L'AGRICULTURE.

1. *Capital foncier.*

Le capital foncier représente, ou la valeur du domaine au moment de l'acquisition, ou la valeur réalisable par la vente, ou encore la valeur de l'intérêt que l'on en retire, avec certitude de paye-ment. On peut donc évaluer ce capital de trois ma-nières différentes : par le prix d'achat, par le prix courant, par le produit net de l'exploitation. Il y a, à la vérité, des cas où ces trois valeurs sont les mêmes; cependant assez souvent ces valeurs sont différentes.

Le capital foncier peut se diviser en

a. Capital du fonds;

b. Capital des bâtiments;

c. Capital de rentes fixes inhérentes au domaine, telles que certains droits ou priviléges.

Nous avons à déduire de ce capital les obligations, les charges et les servitudes.

Plusieurs auteurs comprennent également la
valeur du bétail de rente dans le capital foncier,
parce qu'ils regardent ce bétail comme un produit
du sol qui doit rester intimement lié avec lui, et
parce que le sol ne reste productif qu'avec lui;
mais alors on perd complétement la seule limite
fixe entre le capital foncier et le capital d'exploitations, limite tracée par l'immobilité de l'un et
la mobilité de l'autre. De ce que, parfois, le bétail de rente appartient au propriétaire et non
au fermier, on ne peut admettre une semblable
confusion, car il arrive aussi des cas où le mobilier appartient au propriétaire. Il faut envisager
le cas ordinaire où le propriétaire ne livre que le
fonds de terre et où le fermier paye une rente
fixe au moyen d'un capital circulant à lui appartenant comme son intelligence et son travail.

Le capital foncier n'a point de valeur fixe, quelque stable qu'il paraisse toujours, et qu'il l'est en
effet comparativement aux autres capitaux. Abstraction faite des variations amenées par le temps
dans la valeur des productions du sol, le capital
foncier est sujet à s'élever par l'amélioration des
fonds de terre, et à s'abaisser par leur détériora-
tion; et par améliorations il faut bien entendre
des bonifications stables, ou du moins des bonifica-

II.   17

tions d'une durée assez longue pour contribuer à l'augmentation des revenus et, par suite, à celle de la valeur du domaine. Cette plus-value doit être ajoutée à la valeur primitive du domaine, et être, par conséquent, considérée comme une augmentation du capital foncier ; car, si on comptait la confondre avec les dépenses courantes, elle ferait descendre d'une manière exagérée le revenu net courant des premières années. C'est précisément le défaut de distinction exacte du capital d'amélioration qui appartient au capital foncier, avec le capital d'exploitation qui a été souvent la cause de vicieuses appréciations, lorsque des propriétaires ont retiré des domaines des mains de fermiers pour les exploiter eux-mêmes, et n'ont obtenu d'abord que des résultats financiers défavorables.

Le capital d'exploitation n'a besoin que de payer les intérêts du capital d'amélioration ascendant, ou bien, s'il ne dure qu'un temps limité, de 10 à 20 ans par exemple, ceux de marnage ; il aura besoin, en outre, d'être tout au plus amorti pendant cette période.

Les améliorations peuvent être de trois sortes : les unes ont une valeur générale pour le domaine, et on ne peut en répartir les frais sur une branche particulière ; par exemple, les réparations et appropriations des bâtiments d'exploitation, des chemins, des conduits d'eau, etc., etc. Les autres sont des améliorations tout à fait spéciales, dont chaque branche doit supporter la dépense; ainsi les plantations d'arbres, les assainissements ou les irrigations des prairies permanentes ou des jardins. D'autres sont des améliorations que l'on pourrait appeler négatives parce qu'elles s'obtiennent en renonçant pour quelques années au revenu dont on pourrait jouir, dans la vue d'amener, par ce moyen, le domaine à un revenu plus élevé. De telles bonifications sont souvent imperceptibles pour celui qui n'en connaît pas le but, et elles ont ordinairement l'avantage de n'exiger aucun déboursé nouveau.

Parmi ces bonifications, nous compterons un assolement améliorant avec une très-grande production de fourrage, en vue d'obtenir beaucoup de bétail et de fumier. Il est vrai qu'on sera peut-être obligé de diminuer la culture des céréales et de renoncer à la culture des récoltes commerciales ; par conséquent, de voir diminuer les revenus dans le principe. Nous compterons aussi les labours profonds, la destruction des mauvaises herbes, etc., etc. Il est dans la nature des choses que la plupart de ces améliorations regardent le propriétaire plutôt que le fermier, et ce dernier d'autant moins que son bail est plus court; voilà pourquoi on les fait entrer dans le capital foncier.

Les détériorations ou les amoindrissements de valeur d'un domaine, exerçant leur influence sur un grand nombre d'années, forment l'opposé des améliorations ; elles sont la conséquence de la paresse ou de l'ignorance de l'administrateur, qu'il soit propriétaire, fermier ou régisseur. D'ordinaire, elles vont encore plus vite que les améliorations. Nous citerons pour exemples le défaut de soins aux bâtiments d'exploitations, aux chemins, aux ponts, aux conduits d'eau ; le défaut de fourrages, la négligence du bétail ; la culture des plantes épuisantes ; la propagation des mauvaises herbes.

II. *Capital d'exploitation.*

Ce capital se divise en capital fixe ou engagé, et en capital circulant. Plusieurs auteurs ne considèrent que le capital circulant comme capital d'exploitation ; mais c'est là une erreur. L'inventaire, qui représente plus particulièrement le capital fixe, comprend tous les objets servant à l'exploitation, quelle que soit leur durée ; les bestiaux et le mobilier en forment la partie essentielle.

Le capital circulant comprend surtout les objets dont, en général, on ne fait usage qu'une fois, et qui disparaissent ensuite, tels que les provisions de fourrages, paille, bois, et l'argent comptant, nécessaire à tous les payements.

Nous avons vu des personnes vouloir classer les bêtes à l'engrais et les bêtes d'élevage dans le capital circulant, parce que ces animaux séjournent moins longtemps sur le domaine que les autres.

Nous ne pouvons admettre ces subtilités, car une exploitation entière peut être basée sur l'engraissement et l'élevage, et alors ces spéculations seront aussi fixes que les autres, et la consommation des fourrages sera la même. Des distinctions aussi nombreuses ne servent qu'à embrouiller les comptes, au lieu de faciliter leur exactitude.

Une autre addition a eu lieu au capital fixe. Au bétail et au mobilier on a joint les semences de l'année. Alors on pourrait, à plus forte raison, admettre un inventaire de fumier. Pour le cultivateur qui entre en ferme, il y a une grande différence de recevoir ou de ne pas recevoir une certaine quantité de fumier, soit dans la cour de ferme, soit dans les champs.

Une remarque très-sérieuse est à faire ici pour ce qui concerne l'inventaire du capital engagé. Dans beaucoup de localités, le bétail, le mobilier et la provision de fourrages appartiennent au propriétaire foncier, qui les laisse toujours sur le domaine. Le fermier sortant doit les remettre au fermier entrant ou en nature, ou en argent ; ordinairement, la plupart de ces ensouchements sont insuffisants, et le fermier doit toujours compléter son inventaire de sa bourse.

Mais, quels que soient ces ensouchements, il est certain qu'ils rendent un excellent service au fermier, dont ils augmentent les ressources. Ils sont aussi utiles au propriétaire, dont le revenu augmente par suite de la concurrence des fermiers. Il est juste, d'ailleurs, que le propriétaire retire un intérêt de ces avances, qui sont plus exposées que le fonds de terre.

Toutefois ces ensouchements offrent un danger, ils attirent des fermiers sans capitaux et insolvables, lesquels, ne courant aucun risque, s'engagent à payer les fermages les plus élevés, et ils sont bientôt obligés de résilier au moindre échec, après avoir nui aux fermiers qui sont dans l'aisance. En fin de compte, il vaut mieux, pour les progrès de l'agriculture, que le fermier apporte lui-même son capital d'exploitation et se livre aux opérations qu'il juge convenables à ses intérêts.

Lorsqu'on n'a pas le choix d'un fermier, parce que cette classe d'hommes est pauvre dans la localité, peut-être vaut-il mieux avancer une somme d'argent comptant à titre de prêt. Nous ne connaissons qu'un cas où nous admettons la possession par le propriétaire du capital engagé en bétail, c'est l'entretien d'une race d'élite de bêtes à cornes ou d'un troupeau de bêtes à laine de haute finesse; mais alors il faudra s'entourer de toutes les garanties nécessaires.

B. PROPORTIONS ET RAPPORTS DES CAPITAUX AGRICOLES.

Le succès d'une entreprise d'agriculture dépend beaucoup de la disponibilité des capitaux qui lui sont nécessaires et de leur exacte distribution. Pour bien juger cette question, on doit, suivant le cas, faire une estimation générale approximative ou une estimation détaillée.

I. *Estimation générale des capitaux.*

Si le capital d'exploitation est trop faible, on ne peut pas espérer une marche favorable. De là vient toute la supériorité des fermiers anglais comparés aux fermiers allemands. Les fermiers anglais exigent que le capital d'exploitation soit de sept à neuf fois plus fort que le fermage qu'ils ont à payer d'un domaine; aucun donc n'affermerait un domaine, par exemple, de 2,000 fr. de fermage, s'il ne pouvait disposer d'au moins de 16,000 fr. En Allemagne, il n'est pas nécessaire d'élever tout à fait aussi haut le capital d'exploitation, et il suffirait, dans la plupart des cas, d'avoir un capital de cinq à sept fois le fermage pour donner une bonne impulsion. Pabst admet de quatre à six fois le fermage comme le plus normal, et trois fois le fermage comme le terme le plus bas. On ne peut pas non plus contester que plusieurs fermiers se soient tirés d'affaire avec ce dernier capital, mais avec beaucoup de peine, et encore a-t-il fallu un concours heureux de circonstances. Dans ces calculs, nous ferons observer que certaines déductions sont à faire pour des branches particulières qui demandent peu ou point de capital d'exploitation, par exemple des bois ou des rentes à recevoir.

Quant au rapport qui doit exister entre le capital fixe et le capital circulant, il repose sur des données assez positives. On admet ordinairement que le capital circulant est moitié moins élevé que le capital fixe. Ainsi, en admettant un capital d'exploitation de 12,000 fr. pour un fermage de 2,000 fr., nous assignerons 8,000 fr. au capital fixe et 4,000 fr. au capital circulant.

Quelque dommage que puisse occasionner une diminution dans l'inventaire, ce dommage ne sera cependant pas aussi grand que celui qu'occasionne un faible capital circulant, et il n'arrive que trop souvent que l'inventaire absorbe malheureusement presque tout le capital. Il est bien entendu que ces règles générales sont modifiées par les circonstances, et c'est pour cela qu'il convient toujours de faire des calculs spéciaux.

II. *Proportions des travaux agricoles.*

A. VALEUR DU CAPITAL FONCIER.

Plusieurs moyens se présentent pour apprécier la valeur du capital foncier. Si l'on est devenu propriétaire par acquisition ou par héritage, on peut prendre le prix d'achat ou celui de prise de possession. On peut chercher à connaître le prix courant pour un essai d'enchère publique, ou on peut faire faire une estimation foncière par des experts auxquels on recommande expressément de prendre en considération le prix actuel des biens-fonds. La valeur du revenu peut servir aussi d'échelle d'appréciation lorsqu'on touche ce revenu soi-même comme exploitant : il en est de même de la valeur du fermage, si le domaine est affermé depuis de longues années; mais, dans ce dernier cas, il ne faut pas se faire d'illusions, et prendre pour produit net la somme du loyer. Il est nécessaire de faire remonter ses calculs à plusieurs années, pour savoir quelle somme on a obtenue en réalité, après déduction de remises faites ou de pertes éprou-

vées, de même que de toutes les charges de propriétaire en entretien de bâtiments, contribu-
tions, etc. C'est cette différence qui distingue la
rente du sol avec le fermage.

B. VALEUR DU CAPITAL D'EXPLOITATION.

En décomposant le capital d'exploitation, nous
avons à rechercher les diverses valeurs
1. De l'inventaire ou cheptel vivant,
2. De l'inventaire mobilier,
3. Du capital circulant.
1. Valeur de l'inventaire ou cheptel vivant. —
Nous avons vu dans le chapitre VII les données
de ces calculs.
2. Valeur de l'inventaire mobilier. — On peut
désigner comme première division les instruments
de transport et de labour; cette division embrasse
les principaux instruments ou le mobilier nécessaire pour la conduite d'une culture ordinaire. On
compte le nombre de charrues d'après le nombre
d'attelages, en sorte que pour chaque attelage on
compte une charrue; on tient, en outre, encore
des charrues de réserve. Plusieurs cultivateurs
supposent trois charrues pour deux attelages;
mais pour quatre attelages cinq charrues suffisent
aussi, de même six pour cinq attelages. Si, en dehors de la culture, les chevaux ont beaucoup

d'autres occupations, il faudra alors faire au nombre de charrues une réduction proportionnelle. Le plus bas prix d'une charrue, en Allemagne, est de 22 fr., et ce prix s'élève successivement. Des charrues perfectionnées, dans la construction desquelles il entre beaucoup de fer, se vendent 80 et 100 fr. Il faut faire état aussi des traîneaux, des sabots, des volées d'attelage qui peuvent servir à plusieurs à la fois, et coûtent de 1 fr. 7 c. jusqu'à 6 fr. 50 c. et 8 fr. 60 c.

Pour les herses, on en compte autant que de charrues lorsqu'elles sont à deux chevaux, et le double pour les herses à un cheval. Avec des attelages composés de chevaux et de bœufs, le nombre de herses se règle sur l'effectif des chevaux, en supposant que l'on ne herse qu'avec eux. Dans plusieurs contrées, on juge nécessaire d'avoir toujours encore des herses de différentes dimensions, suivant les travaux ; de cette manière, le nombre en est augmenté. C'est ainsi que Schweizer demande qu'on ait quatre herses pour quatre chevaux ou pour quatre bœufs, c'est-à-dire quatre herses légères en fer, deux fortes en fer et deux en bois. Des herses en bois, très-légères et à un cheval, ne coûtent souvent que de 2 à 4 fr. 30 c. ; la herse de Brabant avec ses appareils, 17 fr. ; une herse à dents de fer, avec $32^k,71$ poids en fer, 30 fr. ; des herses encore plus pesantes, jusqu'à 52 fr. et au delà. Pour bien des herses, il faut aussi des traîneaux; pour d'autres, cela n'est pas nécessaire, parce qu'elles se transportent sur des traverses.

Le nombre de rouleaux dépend entièrement de l'importance que l'on met dans le travail de cet instrument. On sait qu'il y a bien des domaines où l'on n'en a point du tout, ce qui est un manque manifeste. Plusieurs comptent un rouleau pour chaque attelage; d'autres, qu'un pour deux à trois attelages, ce qui, en général, suffira. Suivant Pabst, un rouleau en bois à deux chevaux coûte de 11 à 35 fr.; à Hohenheim, de 32 à 54 fr. Les rouleaux brisés coûtent de 24 à 30 fr. Pour un domaine de 63 à 95 hectares, il n'en faut qu'un.

Les instruments pour la culture en lignes doivent être calculés d'après l'étendue de ces cultures; ce qui n'est pas difficile, lorsqu'on connaît les fonctions de ces instruments, et que l'on considère que dans huit jours à peu près, au plus dans dix, leur travail, lors de la semaille ou lors des soins à donner aux plantes, est terminé. S'ils servent sur le même domaine à plusieurs espèces de plantes, on n'aura pas, en général, besoin d'augmenter leur nombre. Les plus ordinaires sont le semoir à colza : son prix, à Hohenheim, est de 100 fr.; le semoir pour de plus grosses graines, fèves, etc., est de 65 fr.; le râteau de pré? de

39 fr.; la charrue-buttoir, de 27 fr. 15 c. Les semoirs à céréales comptent, en Allemagne, parmi
les instruments extraordinaires, et coûtent de
173 à 215, même 650 fr. On a aussi l'habitude
de compter le nombre de chariots d'après les attelages; et même pour chaque attelage on suppose
pour le moins un chariot complet. Si on n'a que
deux attelages, cela même ne suffit pas; car alors
il faut, dans tous les cas, trois chariots pour pouvoir alterner. Les tombereaux, les traîneaux, les
chariots à purin ne sont encore pas compris dans
le calcul. Suivant les circonstances, ils conviennent plus ou moins. Au lieu de chariots à purin,
on a souvent des tonneaux à purin que l'on pose
alors sur des chariots. Veit considère comme indispensable un tonneau à purin par vingt vaches.

Pabst estime un chariot à deux chevaux de 130 à
215 fr.; un chariot à quatre chevaux, de 215 à
323 fr. A cela il faut encore ajouter les chaînes,
au prix de 22 à 35 fr. Les chariots de diverses
espèces employés dans l'exploitation de Hohenheim se distinguent par leurs bonnes combinaisons.

La deuxième division de l'inventaire mobilier
concerne les outils de culture proprement dits, ou
les ustensiles inférieurs pour la conduite d'une culture ordinaire. Les journaliers ou les entrepreneurs
de travaux ont, à la vérité, à apporter avec eux

plusieurs de ces objets, tels que faucilles, faux, râteaux, houes, bêches; l'exploitation n'aura donc
pas à entretenir cette partie de l'inventaire aussi
en grand complet que l'exigeraient les travaux sans
cette organisation; cependant il sera prudent
qu'elle soit plus richement pourvue de ces instruments qu'il n'en est nécessaire pour les domestiques seuls de la maison, afin que, dans un embarras momentané, on puisse venir au secours. Ce
n'est pas ici le lieu de donner un tableau du prix
de ces objets, et il suffit d'observer que les pyramides à sécher les fourrages et les grandes bâches à
colza, etc., seront souvent les plus fortes dépenses
de ce chapitre.

Une troisième division comprend les instruments de grange et de grenier, fléaux, râteaux,
cribles, dont une partie appartiendra plutôt au
propriétaire. Les pièces suivantes, plus fortes ou
plus coûteuses, méritent seules une mention particulière. Lorsqu'on veut se servir d'une machine
à battre, une suffit pour le plus grand domaine.
Une machine à battre coûte de 1,000 à 2,500 fr.;
un tarare, suivant sa perfection, de 22 à 70 fr. Le
nombre de sacs se calcule le plus souvent d'après
l'importance des voyages au marché que l'on a à
faire; outre le besoin pour ce cas, il faut encore
une autre provision proportionnée.

Il ne faut pas oublier les mesures nécessaires et

une ou deux balances avec leurs poids, surtout pour peser le fourrage.

Les outils nécessaires au bétail forment une quatrième division. La valeur de ce capital a déjà été indiquée dans le chapitre **VII**.

Une cinquième division comprend les ustensiles de ménage ; nous en avons déjà parlé. Enfin il y a encore à dresser l'inventaire de tous les objets qui font partie d'une branche spéciale de l'industrie agricole, telle que la culture de la vigne, des arbres à fruit, celle du houblon, des industries techniques, des bois, des tourbières, des étangs, des carrières, etc.

3. Valeur du capital circulant. — Il est difficile d'établir des règles pour l'appréciation de ce capital, beaucoup plus variable que les autres capitaux agricoles. L'entrepreneur qui a une idée exacte de l'économie de ce capital pourra aussi, dans des circonstances déterminées, calculer assez exactement sa valeur. Pour en avoir une idée, supposons, par exemple, un cultivateur qui entre en ferme le 1er janvier, et reçoit au complet l'inventaire mobilier et l'inventaire du bétail, mais rien au delà ; il n'aura de provisions d'aucune espèce pour pouvoir nourrir, même un seul jour, les domestiques qui ont également passé à son service, ainsi que son bétail, etc. Supposons qu'il ait en numéraire de quoi satisfaire à tous ses besoins, la

somme d'argent dont il aura besoin pour continuer son exploitation jusqu'au 1er janvier de l'année suivante constituera son capital de roulement. Il faut remarquer cependant que cette somme n'est nullement égale à celle de toutes les dépenses qu'il a à faire pendant l'année ; car le fourrage qu'il a donné, le 1er janvier, aux vaches lui a déjà donné du lait en retour. S'il n'emploie pas ce lait dans son ménage, s'il le vend, l'argent reçu lui servira pour un autre but et lui évitera de puiser à son capital ; il en est de même des autres dépenses et recettes. Le capital circulant de ce cultivateur ne montera donc tout juste qu'à la somme dont il aura besoin dans sa caisse. Si la caisse est suffisamment pourvue, le cultivateur ne sera pas forcé de vendre ses produits à tout prix, aussitôt leur récolte ; il pourra attendre tranquillement que le cours lui convienne, sa caisse lui permettant de faire face à toutes ses dépenses. Ceci explique pourquoi un capital circulant considérable a une si haute valeur pour un entrepreneur de culture. Ce capital lui permet de mettre de son côté toutes les circonstances favorables. On voit aussi pourquoi l'époque de la prise de possession d'un domaine exerce une si grande influence sur la quotité du capital circulant, au moins la première année, puisque celui qui entre en ferme à la Saint-Georges, 23 avril, peu avant la fenaison et la moisson, et qui, par conséquent, obtient en peu de temps du fourrage vert, du grain, de la paille, se trouve dans une meilleure position que celui dont la prise de possession a lieu à la Saint-Martin, 11 novembre, ou au nouvel an.

Si l'on veut estimer le capital circulant d'une manière plus exacte qu'il vient d'être fait dans une ébauche générale, d'après laquelle il monte à peu près au double du fermage, il sera alors nécessaire de mettre en ligne de compte les produits du sol dont on a besoin, jusqu'à l'époque où ces produits seront fournis par l'exploitation elle-même; il faudra, de plus, faire état des dépenses courantes pour six mois au moins. On comprendra dans ces dépenses non-seulement les gages des domestiques et des journaliers, mais encore tous les frais généraux quelconques.

Ces dépenses varient, suivant que l'on est propriétaire ou fermier, et celui-ci fera toujours bien de compter dans son capital de roulement une année de fermage à l'avance.

C. INTÉRÊTS DES CAPITAUX AGRICOLES.

I. *Capital foncier.*

Le capital foncier est le plus sûr de tous les capitaux; non-seulement il est plus sûr que le capital fixe et le capital circulant, mais il est encore plus sûr que tout autre capital, quel qu'il soit. Aussi compte-t-on avec raison les intérêts de ce capital plus bas que les autres intérêts que l'on obtient par le placement de l'argent. Si le taux normal de l'intérêt est pris à 5 pour 100, celui du capital foncier ne comptera que 4 pour 100. Si le premier est de 4 pour 100, le deuxième ne sera que de 3,5 ou même que de 3 pour 100. Il est vrai qu'on entend quelquefois des propriétaires qui prétendent que leur capital foncier leur rapporte 5, 6 pour 100, et même au delà; mais cela tient uniquement, lorsqu'un cas semblable arrive, au peu de valeur estimative donné à un domaine que l'on a hérité, ou bien à quelque cause extraordinaire. On a vu de ces causes à la suite de nos grandes guerres. La consolidation de la paix augmenta jusqu'au double la valeur de certains domaines; mais ce sont toujours là des exceptions, comme une acquisition sans concurrence, un hasard heureux. Le fermage est souvent considéré comme représentant les intérêts du capital foncier; mais cette confusion n'a lieu qu'autant qu'on n'exige pas une distinction sévère entre le fermage et la rente du sol.

11. *Capital d'exploitation.*

Par sa nature, le capital d'exploitation doit porter des intérêts plus élevés que le capital foncier.
Les Anglais admettent pour ce capital le double
des intérêts du capital foncier. Les Allemands disent entre 6 et 8 pour 100, ce qui, en général,
s'accorde avec l'autre opinion; mais il est convenable, dans bien des cas, de distinguer les choses
plus exactement. Si, par exemple, on compare ensemble au point de vue de la sûreté les deux parties du capital d'exploitation, c'est-à-dire tout
l'inventaire et le capital circulant, on reconnaîtra
que le premier est placé plus sûrement que le
deuxième. Voilà pourquoi il arrive aussi qu'on
exige des intérêts différents de chacun d'eux; les
auteurs donnent les chiffres suivants :

	Capital foncier.	Capital fixe.	Capital circulant.
Thaër	4 pour 100	6 pour 100	12 pour 100
Pabst	4,5 p. 100	6 à 7,5 p. 100	8 à 12 p. 100
Schweizer	3 pour 100	6 pour 100	8 pour 100
Veit	4 pour 100	5 à 6 p. 100	7 à 8 p. 100

Les chiffres de Veit sont ceux de l'administration des domaines, ce qui explique leur grande
différence; mais il y a encore d'autres causes,
comme, par exemple, le placement de certains objets dans le premier, le second ou le troisième ca-

pital, dont on n'est pas d'accord, les primes aux compagnies d'assurance et le bénéfice industriel. Certains auteurs comptent en dehors des intérêts un bénéfice industriel; d'autres disent que ce bénéfice fait partie intégrante des intérêts.

Ainsi Veit, qui, parmi les auteurs mentionnés ci-dessus, suppose les intérêts les plus bas du capital d'exploitation, et qui dans son administration ne porte qu'à 6 pour 100 les intérêts de tout le capital d'exploitation, explique ainsi sa méthode de calcul. Un domaine d'une valeur foncière de 64,647 fr. a donné un produit brut de. . . . 20,686 f. c.

Les dépenses totales, y compris l'entretien des bâtiments, les assurances, les impôts, etc., se sont élevées à. 15,084

Le produit net est donc de. 5,602

Je compte les intérêts du capital foncier à 4 pour 100, soit. 2,585 88ᶜ

Ceux du capital d'exploitation estimés à 32,323 fr., à 6 pour 100, à. . 1,939 37 } 4,525 25

Restent donc encore. 1,076 f. 70 c.

Ces 1,076 fr. 70 c. forment le profit industriel

ou le bénéfice net de l'exploitation de l'industrie
agricole, comme rétribution de l'entreprise ; car,
si le cultivateur n'obtenait pas plus des capitaux
mentionnés que les intérêts ordinaires qu'il pourrait obtenir avec la même sûreté sans exploitation
industrielle, il n'aurait aucune rémunération pour
les peines de son entreprise industrielle.

Si l'on compare cette opinion de Veit avec l'o-
pinion générale, on trouve qu'il est, en définitive,
indifférent de dire que le capital d'exploitation de
32,323 fr. a produit 1,939 fr. 38 c. à 6 pour 100,
et 1,076 fr. 70 c. de bénéfice industriel, ou bien
qu'il a donné 3,016 fr. 8 c. ; soit 9,33 pour 100
d'intérêt. Il faut donc considérer comme une
chose de convenance toute particulière que l'entrepreneur se fixe ainsi à lui-même des appointements en proportion avec l'étendue du domaine,
et ne compte que le surplus comme intérêt réel de
sa fortune, ou bien qu'il retranche d'abord cet intérêt avec 6 pour 100, et s'attribue ensuite le reste
comme rétribution de son intelligence.

On obtient sans doute les intérêts les plus élevés du capital d'exploitation, en y comprenant le
bénéfice industriel mentionné. En Angleterre, suivant John Sinclair, les fermiers, dans plusieurs
comtés, les font monter jusqu'à 10 et 12 pour 100,
et dans le comté d'Essex même à 15 pour 100.

D. PRODUIT NET DES CAPITAUX AGRICOLES.

Bien qu'il appartienne plus particulièrement à la comptabilité de s'occuper du produit net, l'économie rurale, appelée à apprécier les données des comptes, mentionnera avec fruit la somme des dépenses générales de l'administration; ces dépenses constituent une grande partie du capital circulant. Quelques-unes se rapportent purement et simplement au propriétaire du domaine, d'autres seulement au fermier; d'autres sont communes. Les dépenses administratives communes sont les suivantes :

1. Entretien et appointements de l'entrepreneur de culture, et dépenses des agents généraux. — On a déjà fait observer que le propriétaire, s'il administre lui-même, de même que le fermier, préfèrent parfois ne s'attribuer aucune rémunération à eux-mêmes, mais la trouver simplement dans les intérêts plus élevés de leurs capitaux et dans le bénéfice de l'industrie. Cependant il arrive fréquemment, et il est bon pour la clarté des comptes, qu'ils évaluent leur intelligence et leur travail comme s'ils étaient régisseurs; seulement il faut se décider pour l'un ou pour l'autre, et éviter de faire un double emploi.

2. Frais d'administration. — Par là on entend

le matériel de bureau, livres de comptabilité, frais de commission, ports de lettres, abonnements de journaux, en tant que pour rester au courant du prix des produits.

3. Dépenses pour la conservation du capital foncier. — A la rigueur, ces dépenses devraient être entièrement l'affaire du propriétaire ; elles consistent :

a. En dépenses diverses sur le fond même du sol, pour la conservation de sa valeur ; on y compte aussi l'entretien des bornes de propriété, des digues, des clôtures, des routes, des ponts, des conduits d'eau. Il n'est pas bien facile d'indiquer, pour cela, des sommes exactes ; seulement, à l'égard de l'entretien des chemins proprement dits, il se pourrait que les chiffres suivants pussent procurer quelque utilité, puisque le propriétaire a quelquefois à supporter ces frais. L'entretien de toutes les routes, dans le Wurtemberg, coûte, en moyenne, pour tout le pays, pour les matériaux et leur rapprochement, 60 c. la perche de 10 pieds, et, pour les soins par les cantonniers et les journaliers, 28 c. : total, 88 c. ; c'est là le prix moyen. Il y a, en outre, pour les matériaux, 2 fr. 68 c. pour le prix le plus élevé, et 10 c. pour le prix le plus bas ; pour les soins, 1 fr. 46 c. pour le prix le plus élevé, et 9 c. ? pour le prix le plus bas. Plusieurs baux sont rédigés dans ce sens ; de telle sorte que les dépenses générales de la culture sont imposées au fermier, au moins partiellement.

b. **Entretien des bâtiments d'exploitation, avec exception des petites réparations.** — Il a déjà été question, dans le chapitre VII, quelle location peut être attribuée à chaque espèce de bétail; mais ces estimations servent à d'autres buts, par exemple lorsqu'on veut comparer entre eux les chevaux, les bœufs, les vaches et les bêtes à laine. Pour obtenir les dépenses générales administratives, il faut s'y prendre différemment, et on a divers moyens. Une de ces méthodes de calculs est celle de Veit, qui consiste à répartir sur chaque arpent — 31 ares 51 cent. de terre de labour ou de prés de 54 à 72 c. au moins, et de 1 fr. 44 c. à 1 fr. 60 c. au plus; en moyenne, 1 fr. 7 c. par an. L'autre méthode de calcul, d'après Koppe, consiste, si l'état des bâtiments et le prix des matériaux de construction ne nécessitent pas des évaluations particulières, dans un décompte général du produit brut. Il évalue cette déduction, pour les terres en labour, à 5 pour 100; pour les prés et les pâturages, à 2,5 pour 100. Une troisième méthode de calcul est celle d'après Block, qui repose sur la valeur des bâtiments existants. Si, en même temps, on ne compte pas le danger des incendies et que l'on cherche seulement à obtenir les frais des constructions nouvelles et des réparations, il faut alors ajouter annuellement les pour 100 suivants :

	Pour des bâtiments réunis.	Pour des bâtiments isolés.
Pour des granges, greniers à grains, remises, hangars, etc.	de 0,5—3/4 0/0;	de 1 5/12—1 8/12 0/0
Pour des bâtiments d'habitation	de 2/3—3/4 0/0;	de 2 2/12—2 7/12 »
Pour écuries, bâtiments de brasserie, distillerie	de 1 1/16—1 5/12;	de 2 9/12—3 1/12 »

4. Dépenses pour l'entretien de l'inventaire.

a. Entretien de la valeur du bétail. — Il est question ici d'exprimer en sommes générales l'usure, par l'emploi ; la diminution de valeur, par la vieillesse ; les pertes, par des mortalités ou accidents. L'usure par l'emploi n'est frappante que pour les chevaux ; de sorte que pour cela on admet généralement une somme fixe consistant en 10 pour 100 de la valeur ; mais, comme les risques se trouvent en même temps compris dans ce chiffre, on n'ajoutera rien en sus pour les frais d'assurance. L'usure des autres bestiaux est souvent considérée comme complétement écartée par le remplacement, tel que la marche de l'exploitation le comporte. Cependant Veit compte, tant pour des bœufs de travail que pour des bêtes à lait, de 7 à 8 pour 100 de leur valeur ; Block, pour bœufs, vaches, bêtes à laine, 5 pour 100 ; pour porcs, 3 pour 100.

b. Entretien de la valeur du mobilier. — Block, à ce sujet, sans donner un chiffre général, entre dans de très-grands détails, puisque de cent vingt-cinq pièces d'inventaire il énumère un à un leurs frais d'achat, d'après une valeur en argent ou en seigle, et leur durée par année, et que de là il suppute une somme totale pour la conservation constante annuelle. Il observe en même temps, avec raison, que, pour les instruments de labourage, leur conservation dépend beaucoup de l'état de la terre, si elle est compacte ou pierreuse, ainsi que de l'état des chemins. De plus, la confection solide ou légère de ces instruments, leur maniement, leur conservation dans les cours peuvent occasionner une grande différence. Veit dit qu'il faut examiner aussi si on reçoit les outils neufs ou après qu'ils ont déjà servi.

Dans le premier cas, il estime l'entretien à 14 pour 100 de leur prix d'achat ; dans le deuxième, de 18 à 20 pour 100 de la valeur de prise de possession ou d'estimation. On devrait, en effet, avoir égard à cette différence. Seulement les 14 pour 100 ci-dessus pourraient fort bien ne pas suffire complétement ; voilà pourquoi aussi il admet, dans son nouveau traité, au total 20 pour 100. Klebe, non plus, ne prend que

15 pour 100 ; Koppe, 20 pour 100 ; Pabst, de 15 à 20 pour 100 ; d'autres admettent de 25 à 30 pour 100.

Ceux qui suivent un système général et sévère à forfait, et qui l'étendent aussi aux métiers, ont introduit des prix fixes à l'année avec le maréchal, le charron, le sellier, le tonnelier, calculés le plus souvent sur le nombre d'hectares. Ceci est, certes, le calcul le plus simple et le plus clair ; mais les sommes obtenues par l'expérience ne peuvent être appliquées qu'à des domaines exploités de la même manière et situés à peu de distance les uns des autres.

5. Frais généraux divers. — Nous comptons ici les petites réparations aux bâtiments, aux conduits d'eau et aux fontaines ; le blanchiment des chambres et écuries, etc. ; le nettoyage des cours ; le payement des ramoneurs, des gardes champêtres, des taupiers, en tant qu'on ne les a pas portés à des branches particulières ; les frais de la fête de la moisson ; l'entretien des chiens de basse-cour.

6. Assurances. — Les assurances les plus répandues concernent

a. Les dommages aux bâtiments par incendie. Il n'y a que le propriétaire qui ait à supporter les frais d'assurance. Dans plusieurs États, sa participation est forcée, et il n'y a que certains bâtiments, qui, toutefois, n'ont point de rapport à l'exploitation agricole, qui en soient exempts ou bien exclus. Il en est ainsi dans le grand-duché de Bade, où, dans les trois années de 1829 à 1831, on fut obligé de payer annuellement 29 c. par 215 fr. de capital de maison. Dans le Wurtemberg, où c'est le même cas, la répartition était, de 1835 à 1836, de 14 c. par 215 fr.; en 1837, de 22 c.; de 1837-38, 14 c.; de 1838-39, 18 c.; de 1839-40, 14 c.; de 1840-41, 14 c. Ainsi la quotité, pour le grand-duché de Bade, est du 1/7 au 1/8 pour 100; celui du Wurtemberg, du 1/10 au 1/15 pour 100. Ailleurs, il paraît plus élevé; car Veit admet le 1/4 ou 25 pour 100 comme l'état ordinaire.

Block, d'accord avec les compagnies d'assurance de la Silésie, donne les chiffres suivants. Pour des bâtiments d'habitation et d'écuries réunis, du 1/4 au 3/8 pour 100; pour des bâtiments isolés, du 1/3 à 1/2 pour 100; pour des granges, greniers à grains, remises et hangars réunis, du 3/16 au 5/16 pour 100; pour des granges isolées, etc., du 5/16 au 7/16; pour des brasseries et des distilleries réunies, du 6/16 au 7/16; isolées, du 7/16 au 9/16.

b. Les assurances pour incendie du mobilier, des récoltes, du bétail se trouvent généralement entre les mains de sociétés particulières; elles

concernent particulièrement le fermier, et le propriétaire seulement lorsqu'il administre lui-même
ou qu'il a un capital avancé sur le domaine. La
société wurtembergeoise demande, suivant le degré de danger où se trouvent ce mobilier ou ces
récoltes, de 2 fr. 15 c. à 4 fr. 31 c. par 2,155 fr.
assurés; ainsi le 1/10 au 1/5 pour 100 de la valeur assurée. Veit compte le 1/6 au 1/5 comme
l'état ordinaire.

c. L'assurance contre la grêle regarde ordinairement le propriétaire et le fermier, car on a toujours regardé comme juste et nécessaire que sous
un tel revers le fermier ne souffre pas seul; aussi
l'on trouve pour ce cas, dans presque tous les
baux, des fixations d'indemnités. Les établissements d'assurance contre la grêle sont, jusqu'à
présent, des entreprises particulières. Ces établissements sont presque tous mutuels, en sorte
qu'après déduction des frais d'administration les
bénéfices sont répartis proportionnellement entre
les cointéressés. Ce bénéfice, à la vérité, n'est pas
rendu comptant; mais il entre dans un fonds de
réserve, au profit des années suivantes, mais dont
chacun, qui y prend un intérêt de plusieurs
années, peut également en tirer profit, le cas
échéant.

La banque d'assurance de Gotha est une des
plus connues; elle est calculée pour toute l'Alle-

magne, et les tristes suites d'un revers qui, à la vérité, n'arrive pas souvent, mais qui peut arriver partout, pourraient le mieux se compenser par l'union, dans ce but, de tout un grand pays, tel, par exemple, que la confédération allemande. Mais la banque de Gotha n'a pas justifié les principes qui pouvaient lui garantir, pour la suite, la confiance dont elle jouissait d'abord.

d. Assurances contre la mortalité des bestiaux. — Les sociétés qui existent pour cet objet ne sont nullement à confondre avec les caisses qui prêtent aux petits propriétaires de l'argent pour pouvoir se procurer du bétail ; ces sociétés d'assurance se trouvent encore dans l'état de premier développement. Presque toutes ont des limites très-restreintes, souvent même à une seule commune, et il s'agit de savoir si, en général, il est prudent, au moins pour les contrées ou pour les domaines où l'éducation du bétail a atteint un haut degré de perfection, de s'intéresser avec des inférieurs, puisque dans cette classe règne plus d'insouciance, et que là, par conséquent, il existe plus de risques. A Leipsick, il y a un établissement d'assurance du bétail, qui, d'après son nom, est calculé pour toute l'Allemagne. Ses primes sont, pour le bétail à cornes, 1 pour 100 de la valeur ; pour les bêtes à laine, 1,5 pour 100. Dans le Wurtemberg, on a fondé plusieurs sociétés locales, mais avec des principes bien différents. Celle de Heilbronn, fondée en 1839, demanda, en 1840, les primes suivantes : du bétail à cornes âgé de plus d'un an, 1 pour 100 de la valeur; des chevaux au delà de deux ans, suivant trois classes, 5 fr. 38 c., 6 fr. 46 c., 8 fr. 62 c. Ces derniers ne doivent pas être estimés au-dessus de 592 fr. 58 c. Dans cette société d'assurance, il n'est question ni des bêtes à laine ni des porcs.

Pour compléter ce sujet on va rapporter encore ici un tableau de Veit. La perte est exprimée en pour cent.

Période.	Pour le cheval.	Pour le bétail à cornes.	Pour les bêtes à laine.	Pour les porcs.
Du jour de la naissance jusqu'au sevrage.	5	3	10	12
Depuis le sevrage jusqu'à l'âge d'un an.	4	2	8	6
D'un à deux ans.	3	2	7	3
De deux à quatre ans.	3	1,5	5	3
Pendant la durée du produit. . . .	5	2	5	4

7. Impôts. — Nous ne pouvons donner de chiffres à ce sujet, puisque chaque cultivateur est obligé de suivre, pour cela, les lois de son pays.

8. Enfin, pour compléter ce travail et comme faisant partie des frais généraux de l'exploitation, il faut faire mention des intérêts des divers capitaux agricoles.

CHAPITRE IX.

LE CULTIVATEUR DANS SES RAPPORTS AVEC LE DOMAINE.

Le cultivateur est ou propriétaire, ou fermier, ou régisseur. Le propriétaire peut se permettre beaucoup d'améliorations qui seraient souvent une ruine pour le fermier. Si des clauses particulières de bail ne lui assurent pas un dédommagement, le fermier ne doit pas faire d'autres avances que celles dont il prévoit la rentrée avec profit pendant la durée de son bail, et il est donc d'autant plus borné dans ses entreprises que son bail est plus court. Le propriétaire, au contraire, peut faire toutes les améliorations dont les dépenses augmentent la valeur du fond du domaine et dont les intérêts sont payés par les recettes courantes. Le fermier est souvent entravé dans le choix d'un assolement par des clauses de bail qui, pour la sûreté de la propriété, prescrivent une certaine jouissance du fond ; il est, en outre, forcé de faire plier son assolement à la durée de son bail ; de sorte que, pour un bail de douze à dix-huit ans, il sera souvent prudent à lui d'adopter une rotation de trois, six ou neuf ans, et, pour un bail de dix à quinze ans, une rotation de cinq ans. Le fermier, en général, est forcé de tenir un certain nombre de têtes de bétail. Il n'ose vendre ni fourrage ni paille, même lorsqu'il pourrait se procurer avec grand avantage un équivalent en fumier. Il ne peut pas, du moins dans le cas où l'inventaire appartient en grande partie au propriétaire, introduire facilement d'autres instruments et d'autres bestiaux, et par là il est très-restreint dans son organisation. Il s'ensuit que, tout calculé, le propriétaire, en faisant valoir par lui-même, peut retirer d'un domaine un revenu plus élevé que le fermier. Le régisseur est, d'ordinaire, aussi plus lié que le propriétaire, alors même que celui-ci s'interdit toute participation immédiate dans l'administration. Les convenances de responsabilité dans lesquelles se trouve un régisseur veulent que sa marche soit plus prudente et souvent moins lucrative. Il aimera mieux suivre un système de culture déjà adopté qu'un assolement libre, lors même que celui-ci aurait quelque supériorité ; il renoncera à toutes les spéculations hasardeuses, que souvent il entreprendrait volontiers à son propre compte. Il vendra ses produits à des termes fixes, et ainsi de suite.

D'autres considérations sont à étudier encore

dans les rapports du cultivateur avec le domaine; ce sont surtout sa personne et ses moyens pécuniaires. L'occasion, l'âge ou des circonstances fortuites engagent quelquefois dans telle ou telle opération. Le choix n'y est souvent pour rien; cependant, quelle que soit la position de l'entrepreneur de culture, propriétaire, fermier ou régisseur, son individualité doit être prise en sérieuse considération. Les talents, l'éducation, la direction qu'a prise l'activité d'un individu, son aptitude dans le commandement, même ses forces physiques, sa persévérance et sa santé, indiquent à la sphère d'activité des voies très-diverses. Le même homme qui se distinguera dans l'administration de plusieurs domaines compliqués d'un personnel nombreux et d'industries diverses, qui saura prendre les mesures les plus convenables dans les cas difficiles d'une vaste gestion, ne conviendra souvent nullement pour l'administration d'un petit domaine. Le contraire aura lieu de même; tel homme aura un penchant décidé, une aptitude prédominante pour l'exploitation d'un petit domaine, pour la propre coopération et pour une culture jardinière, qui échouera sur un plus grand théâtre. On trouve aussi des hommes qui administrent parfaitement des domaines isolés et font de mauvaises affaires lorsqu'ils s'établissent à la proximité d'une ville ou sur un autre point très-indus-

trieux, où la spéculation et les relations avec les
hommes l'emportent sur celles avec la nature. On
ne rencontre qu'exceptionnellement dans une
même personne les qualités nécessaires à l'administration en grand ou en petit, à la vie agitée ou
à la vie tranquille.

Il faut donc que chacun examine, avant d'accepter une affaire, jusqu'à quel point cette affaire
convient à sa personnalité ; mais si, sous ce rapport, le choix n'est plus possible, on peut encore,
avec de la volonté et de la persévérance, dans une
affaire rebelle à notre nature, trouver des moyens
de tourner les difficultés. Ainsi, si l'on a de la ré-
pugnance à la gestion d'un grand ménage, on peut
avoir recours au système par entreprise ou par
traitement ; de même, si l'on est impropre au commerce du bétail, on peut faire des traités par lesquels on nourrit du bétail étranger à des prix fixes,
et ainsi de suite. Enfin, pour ce qui concerne les
moyens pécuniaires, il faut qu'un entrepreneur de
culture, en organisant son faire-valoir, consulte
scrupuleusement ses forces.

Le propriétaire-cultivateur a besoin d'un capital foncier et d'un capital d'exploitation ; le fermier a besoin d'un capital d'exploitation et d'une
caution qui, d'ordinaire, équivaut à 1,5 du montant du fermage ou à la valeur simple du mobilier
dont il s'est chargé. Souvent le régisseur n'a be-

soin d'aucune fortune, mais parfois autant de capitaux ou de crédit pour qu'il puisse fournir une caution qui soit en rapport avec le montant de l'argent qu'on lui confie. Celui qui ne possède qu'un faible capital fera mieux, s'il n'a pas envie de travailler lui-même manuellement, de devenir ou régisseur ou fermier d'un grand domaine que propriétaire d'un petit domaine. Le capital d'exploitation rapportant, à bon droit, de plus forts intérêts à un homme capable que le capital foncier, celui qui n'a à sa disposition qu'un faible capital doit mieux aimer l'employer exclusivement à l'exploitation. Quant à celui qui a de la fortune, si son capital foncier lui rapporte moins d'intérêts, ces intérêts sont plus certains ; et, s'il confie une somme donnée en capital circulant, il trouve une bonne compensation.

Un propriétaire qui, en administrant lui-même, consacre toute sa fortune à l'acquisition d'un domaine, ou qui, en l'acquérant, a encore contracté des dettes, se met dans une bien plus mauvaise position que s'il avait été fermier, en se conservant quelques ressources en dehors de son exploitation. Dans le premier cas, il aura toujours les mains liées pour toutes ses transactions, il faudra qu'il renonce à bien des améliorations, et ses recettes seront faibles.

Nous ne saurions mieux terminer ce travail

293

qu'en recommandant à tous les entrepreneurs de culture la nécessité des conventions écrites.

L'expérience a démontré que, pour des propriétaires qui prennent des régisseurs ou des fermiers, comme aussi pour des directeurs de culture ou des fermiers, il était indispensable, quels que fussent les rapports d'amitié entre les deux contractants, de régler sévèrement les conditions des traités par des conventions écrites, car il n'y a que des conventions fixes et invariables qui garantissent le bon accord.

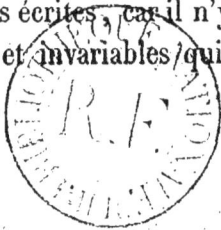

FIN DU SECOND ET DERNIER VOLUME.

TABLE DES MATIÈRES

DU TOME SECOND.

———●———

297

FIN DE LA TABLE DU TOME SECOND.

LIBRAIRIE D'AGRICULTURE DE MME V^E BOUCHARD-HUZARD,

RUE DE L'ÉPERON, 5, A PARIS.

CATALOGUE.

PREMIÈRE PARTIE.

AGRICULTURE, ÉCONOMIE RURALE.

1° Préceptes généraux et Traités complets d'Agriculture. — Agriculture locale de la France et autres pays. — Économie rurale.

ADMINISTRATION DE L'AGRICULTURE appliquée à une exploitation, ou comptabilité rurale, par M. le comte *de Plancy*. Paris, 1822, 1 vol. in-f° contenant dix-sept états en tableaux, avec texte explicatif, cartonné. **10 fr.**

AGRICULTURE DE LA FLANDRE FRANÇAISE et économie rurale, par *J. Cordier*. 1 vol. grand in-8 de 550 pages, et atlas in-fol. de 20 planches, donnant les détails de construction de tous les outils, charrues, instruments, herses, chariots, cave aux engrais, voitures pour leur transport, etc., employés dans cette contrée, fig. noires et coloriées. **12 fr.**

AGRICULTEUR (L') DU MIDI, ou traité d'agriculture propre aux départements méridionaux, par *Sinety*. 2 vol. in-12, 1803. **4 fr. 50 c.**

AGRICULTURE du royaume LOMBARDO-VÉNITIEN, contenant l'agriculture proprement dite, la culture de la vigne, des oliviers, des châtaigniers, des orangers et autres arbres à fruit, la production de la soie, la culture et récolte des prairies, etc., par *Burger*, trad. de l'allemand par M. *Victor Rendu*, inspecteur général de l'agriculture, in-8, fig., 1842. **5 fr.**

AGRICULTURE ALLEMANDE (l'), ses écoles, son organisation, ses mœurs et ses pratiques les plus récentes, par *Royer*. 1 vol. in-8, 1847, fig. **7 fr. 50c.**

AGRICULTURE de l'OUEST DE LA FRANCE étudiée plus spécialement dans le département de Maine-et-Loire, par M. *O. Leclerc-Thoüin*, professeur au Conservatoire national des arts et métiers, secrétaire perpétuel de la Société nationale et centrale d'agriculture, etc. 1 vol. grand in-8, orné de 135 gravures intercalées dans le texte, et d'une jolie carte du département, 1844. **12 fr.**

AGRICULTURE du GATINAIS, de la SOLOGNE et du **BERRY**, et des moyens de l'améliorer, par M. *A. Puvis*. 1833, in-8. **2 fr. 50 c.**

AGRICULTURE (de l') et de l'industrie dans la province du **NIVERNAIS**, par M. *de Chambray*. 1834, in-8. **1 fr.**

AGRICULTURE FRANCAISE, par MM. les *inspecteurs de l'agriculture*. 1 vol. in-8 par département, avec une carte; prix de chaque. **4 fr. 50 c.**
> *Départements parus :* Aude, Côtes-du-Nord, Haute-Garonne, Isère, Nord, Hautes-Pyrénées, Tarn.

AGRICULTURE pratique de la **FLANDRE**, offrant, tels qu'ils sont usités dans ce pays, les labours, les divers assolements, les engrais employés ainsi que les amendements du sol, la culture et l'entretien des prairies naturelles et artificielles, l'élève des bestiaux, la préparation des laitages, etc., avec supplément contenant le mémoire sur les prairies aigres, par M. *Van Aelbroeck*. 1 vol. in-8, orné de 16 planches, 1830. **7 fr.**
— Le supplément, séparément. **1 fr.**

AGRICULTURE RÉDUITE A SES VRAIS PRINCIPES, par *J. G. Wallerius* ; trad. en français sur la version latine, 1774, in-12.   1 fr. 50 c.

AGRICULTURE pratique des différentes parties de L'ANGLETERRE, par *Marshal*. 1804, 5 vol. in-8, et atlas in-4.   20 fr.

AGRICULTURE (de l') en EUROPE et en AMÉRIQUE; état de l'agriculture dans leurs différents pays, les améliorations qu'ils réclament pour la prospérité publique, comme puissant auxiliaire pour la sécurité et le maintien de leurs gouvernements ; de la direction des bras et des idées vers la culture des champs ; principes fondamentaux et règlements pour l'établissement des instituts et des colonies agricoles, etc., par *P. N. H. Deby*. 1825, 2 vol. in-8, fig.   6 fr.

AGRICULTURE de L'ALLEMAGNE, ou moyens d'améliorer celle de la France, avec un plan d'enseignement agricole, par *E. Jacquemin*. 1843, in-8.   5 fr.

AGRICULTURE POPULAIRE, œuvres de *Jacques Bujault*, illustrées de 34 sujets gravés sur bois. In-8, 1844.   7 fr. 50 c.

AGRICULTURE de L'OUEST DE LA FRANCE, par M. *Jules Rieffel*. 6 vol. gr. in-8. 70 fr.
— Tomes 2e, 3e, 4e, 5e et 6e (années 1843, 44, 45, 46 et 47), chaque.   10 fr.

AGRICULTURE et colonisation de L'ALGÉRIE, par M. *Moll*, professeur d'agriculture. 2 vol. in-8, 1845.   12 fr.

ALMANACH DU BON CULTIVATEUR pour l'année 1830, par M. *Achard de Péatieux*. 1re année, 1830, in-8.   75 c.

AMI (l') DES CULTIVATEURS, ou moyens simples et mis à la portée de tous les propriétaires, de tirer le meilleur parti des biens de campagne de toute espèce, par *Poinsot*. 2 vol. in-8, fig.   10 fr.

ANNALES AGRICOLES DE ROVILLE, ou mélanges d'agriculture, d'économie rurale et de législation agricole, par M. *C. J. A. Mathieu de Dombasle*. 1824 à 1832, et supplément, 9 livraisons ou vol. in-8, fig.   61 fr. 50 c.
— Les livr. 1, 2, 3, 4, 7 se vendent chacune séparément.   7 fr. 50 c.
— Les livr. 5, 6, 8 et 9 *idem*.   6 f.

ANNALES DE L'AGRICULTURE FRANÇAISE, contenant des observations et des mémoires sur toutes les parties de l'agriculture, rédigées par MM. *Tessier et Bosc*. 1re série composée de 18 années (an IV à 1817 compris), 70 vol. in-8, fig. et tableaux.   150 fr.
— 2e *série* continuée par les mêmes rédacteurs. 1818 à 1828, 44 vol. in-8.   100 fr.
— 3e *série*, année 1829 à 1839. 24 vol. in-8, fig.   72 fr.
— 4e *série* commençant au 1er janvier 1840. 20 vol.   60 f.

    Ce journal, le plus ancien des recueils agricoles, contient le *Bulletin des séances de la Société centrale d'agriculture* ; depuis l'an IV, il a toujours tenu ses lecteurs au courant de tout ce qui s'est passé d'intéressant dans le monde agricole ; il paraît chaque mois, par cahier d'au moins 4 feuilles (70 à 80 pages); l'abonnement commence au 1er janvier. Prix, 15 fr. par an, franc de port, pour toute la France, et 18 fr. pour l'étranger.

ANNALES de l'ÉCOLE RÉGIONALE d'agriculture, institution nationale agronomique de GRIGNON, contenant les méthodes de culture suivies et expérimentées dans cet établissement, ses progrès et ses améliorations de 1828 à 1850, ainsi que des mémoires sur divers points importants de l'agriculture. 21 liv. in-8, fig. 54 fr.

    Chaque livraison se vend séparément. Il en paraît une tous les 3 ou 4 mois.

    Premier établissement fondé par le gouvernement français pour l'enseignement agricole, l'institution de Grignon a pu expérimenter toutes les pratiques qui avaient pour but de perfectionner notre agriculture. Les *Annales* rendent compte de tout ce qui a été fait et tenté pour arriver à ce but si désirable ; elles peuvent donc servir à diriger utilement les propriétaires qui voudraient améliorer les cultures des pays qu'ils habitent.

ANNALES AGRICOLES DE LA SAULSAIE, ou mélanges d'agriculture et d'économie, par M. *Césaire Nivière*. T. 1er, 2e édit., 1841.   3 fr. 50 c.

APPLICATION à l'agriculture des éléments de physique, de chimie et de géologie, par *Caillat*. 1847, 4 vol. in-12 avec planches.   16 fr.

ART DE MULTIPLIER LES GRAINS, par M. *François de Neufchâteau*. 1809, 2 vol. in-12.   3 fr.

AUX AGRICULTEURS FRANÇAIS, état critique de l'agriculture et moyens d'y porter remède, par *V. Lechevalier*. 1835, in-8.   1 fr.

BASES FONDAMENTALES de la bonne culture, par *Coinze*. 1847, 1 vol. in-8. 3 fr. 50 c.

BASES FONDAMENTALES de l'économie politique, d'après la nature des choses, par *L. F. G. de Cazaux*. 1826, in-8. 4 fr.

BIBLIOGRAPHIE AGRONOMIQUE, ou dictionnaire raisonné des ouvrages sur l'économie rurale et domestique et sur l'art vétérinaire. 1810, in-8. 3 fr.

CALENDRIER (le) **DU BON CULTIVATEUR**, ou manuel de l'agriculteur praticien, par *C. J. A. Mathieu de Dombasle*. 8ᵉ édition, 1846, in-12, fig. 4 fr. 50 c.

CALENDRIER DU CULTIVATEUR, contenant tout ce qu'il est essentiel de savoir pour l'acquisition, la régie, l'amélioration et l'exploitation d'une ferme, par *J. F. Bastien*. 1811, in-12. 2 fr.

CATÉCHISME DU CULTIVATEUR pour l'arrondissement de Montargis (applicable à beaucoup d'autres lieux), par M. *Royer*, professeur à Grignon. *Ouvrage couronné par la Société centrale d'agriculture*. 1839, in-12. 1 fr. 25 c.

Ce catéchisme peut être mis entre les mains de tous les jeunes gens qui se destinent à l'agriculture, et spécialement aux fermes-écoles.

CATÉCHISME de **CHIMIE** et de **GÉOLOGIE** agricoles, par le prof. *Johnston*; trad. de l'angl., par *André*. 1847, in-18. 1 fr.

CÉRÈS FRANÇAISE, ou tableau raisonné de la culture et du commerce des céréales en France, par M. *Gautier*, ancien administrateur des vivres de la guerre de la marine et de l'approvisionnement de réserve pour Paris, avec une carte des régions agricoles de France. 1833, in-8. 6 fr.

CHIMIE APPLIQUÉE A L'AGRICULTURE; nature des terres et leur action sur la végétation; analyse des terres arables, amendements du sol, assolements, conservation des substances animales et végétales; lait et ses produits; sucre de betterave et sa fabrication; fermentation, distillation; assainissement des habitations rurales, nature et action des engrais, action de l'acide carbonique et de l'oxygène sur la nutrition, phénomènes de la nutrition des plantes, etc., par M. le comte *Chaptal*, pair de France. 2ᵉ édit., augmentée. 1829, 2 vol. in-8. 10 fr.

CODE RURAL FRANÇAIS, ou recueil des lois civiles, administratives, forestières, de pêche, de chasse, de procédure et de police qui concernent les campagnes, accompagné d'un texte explicatif, par M. *Malpeyre*. 1 vol. in-12. 3 fr.

COLONIES (des) **AGRICOLES**, et de leurs avantages pour assurer des secours à l'honnête indigence, extirper la mendicité, etc., par M. *Huerne de Pommeuse*. 1832, 1 fort vol. in-8, fig. 8 fr.

CONGRÈS (des) **AGRICOLES** ou de l'organisation de l'agriculture en France, par le marquis d'*Havrincourt*. 1845, in 8. 2 fr.

CONSEILS AUX AGRICULTEURS, suivis de rapports sur la question viticole, par *Dezeimeris*. 1846, in-12. 1 fr. 75 c.

CONSIDÉRATIONS sur l'**ÉCONOMIE** et la **PRATIQUE** de l'**AGRICULTURE**, les sociétés et les comices agricoles, l'enseignement et les écoles d'agriculture, le crédit et la régie des terres, les irrigations et le reboisement, les innovations agricoles, par *Mahul*, député. 1846, 1 vol. in-8. 3 fr. 50 c.

CONSIDÉRATIONS sur les **CÉRÉALES** et principalement les **FROMENTS**; expériences comparatives des diverses espèces; analyse, grosseur et pesanteur spécifiques, germination, etc., par *Loiseleur-Deslongchamps*. 1843, in-8. 4 fr. 50 c.

CONSIDÉRATIONS sur le **MORCELLEMENT DE LA PROPRIÉTÉ** territoriale en France, par M. *Morel de Vindé*. 1826, in-8. 75 c.

CORRESPONDANCE RURALE, contenant des observations sur la culture des terres et des jardins, et sur tous les travaux de la campagne, par *de la Bretonnerie*. 1783, 3 vol. in-12, reliés. 7 fr. 50 c.

COUP D'ŒIL sur l'**AGRICULTURE** et les institutions agricoles de la **SUISSE**, par M. *Mathieu Bonafous*. 1829, in-8, fig. 2 fr. 50 c.

COUP D'ŒIL sur l'**AGRICULTURE**; mode de culture particulière au sol des environs de Paris, par *Guyon de Saulieu*. 1818, in-8. 1 fr. 25 c.

COUP D'ŒIL sur les **LANDES DE GASCOGNE** et sur les compagnies formées pour leur exploitation, par M. *d'Yzarn-Freissinet*. 1837, in-8, avec carte. 1 fr. 50 c.

COURS COMPLET D'AGRICULTURE pratique, par MM. les conseillers et professeurs *Burger, Pfeil, Rohlwes* et *Ruffing*; trad. de l'allemand par M. *Noirot*, augmenté d'un Traité de la culture des mûriers et de l'éducation des vers à soie, par M. *Bonafous*. 1836, 1 gros vol. in-4, fig. 10 fr.

COURS (nouveau) COMPLET D'AGRICULTURE, théorique et pratique, contenant la grande et la petite culture, l'économie rurale et domestique, la médecine vétérinaire, etc., rédigé par les membres de la section d'agriculture de l'Institut de France, etc.; nouv. édit. 16 vol. in-8, avec fig. 56 fr.

COURS COMPLET, ou DICTIONNAIRE UNIVERSEL D'AGRICULTURE pratique, d'économie rurale et domestique et de médecine vétérinaire, par l'abbé Rozier, revu, corrigé et augmenté par MM. Sonnini, Tollart, etc. 7 forts vol. in-8, fig. 15 fr.

COURS D'AGRICULTURE, par le comte de Gasparin. In-8, tomes 1er, 2e, 3e et 4e, chacun. 7 fr. 50 c.

COURS D'AGRICULTURE, ou leçons périodiques sur cet art, par M. de Sutières-Sarcey. 1788, 2 vol. in-8. 12 fr.

COURS D'AGRICULTURE ANGLAISE, avec les développements utiles aux agriculteurs du continent, par C. Pictet. 1808, 10 volumes in-8. 25 fr.

COURS COMPLET D'AGRICULTURE, d'économie, de médecine rurale et vétérinaire, ou dictionnaire universel d'agriculture, par l'abbé Rozier. 12 vol. in-4, 1789. 40 fr.

COURS COMPLET D'AGRICULTURE, ou nouveau dictionnaire d'agriculture, d'économie rurale et de médecine vétérinaire, par MM. de Morogues, Mirbel, Huzard, etc. 20 vol. gr. In-8 à deux colonnes, avec près de 500 planches. 80 fr.

COURS DE CULTURE, comprenant la grande et la petite culture des terres, celle des jardins, les semis et plantations, la taille, la greffe des arbres fruitiers, la conduite des arbres forestiers et d'ornement, un traité de la culture de la vigne et des considérations sur la naturalisation des végétaux, 3 vol. in-8 de 500 pages chacun, avec un atlas de 65 planches in-4 gravées, représentant toutes les greffes, tailles, boutures, marcottes, les serres et bâches, les modèles de haies et de clôtures, les instruments, outils, ustensiles et machines d'agriculture et de jardinage, par A. Thoüin, membre de l'Institut de France et professeur au Jardin du roi; publié par Oscar Leclerc, professeur d'agriculture au Conservatoire des arts et métiers. 18 fr.

COURS D'ÉCONOMIE RURALE, professé à l'institut agricole de Hohenheim, par M. Gœritz; trad. sur manuscrit allemand et annoté par M. Jules Rieffel, directeur de l'établissement agricole de Grand-Jouan. 1850, 2 vol. in-8, fig. 12 fr.

On trouvera dans cet ouvrage tous les principes auxquels est due la prospérité si renommée des exploitations agricoles modèles de l'Allemagne, et dont M. Rieffel a fait la judicieuse application à nos contrées.

CRÉATION de la ferme et des bois de Bruté sur un TERRAIN DE LANDES, à Belle-Isle-en-Mer (Morbihan); récapitulation de travaux de défrichements, plantations et culture, ainsi que sur diverses études d'économie rurale pendant 38 années, de 1807 à 1845, par M. Trochu, propriétaire-agriculteur. 1847, 1 vol. in-8 avec atlas in-4. 10 fr.

Cet ouvrage est le traité le plus complet qui existe sur les défrichements et sur la mise en culture des dunes et landes. Les cultivateurs qui voudraient tenter de semblables travaux ne peuvent trouver un guide plus sûr et plus recommandable par les succès heureux qu'a obtenus M. Trochu dans son exploitation.

CRITIQUE du livre intitulé, Bases fondamentales de l'économie politique, etc., par Ch. Comte; réimprimée avec notes par L. F. G. de Cazaux. 1827, in-8. 1 fr. 50 c.

CULTIVATEUR (le) ANGLAIS, ou œuvres choisies d'agriculture, d'économie rurale et politique d'Arthur Young; trad. de l'anglais. 18 vol. in-8, fig. 50 fr.

CULTURE A FAÇON, ou manière de faire valoir à prix convenu, éprouvée par une pratique de plus de 25 ans, par M. de Marolles. 2e édition, 1838, in-8. 1 fr. 25 c.

DICTIONNAIRE UNIVERSEL D'AGRICULTURE et de jardinage, de fauconnerie, chasse, pêche, cuisine et manége. 2 vol. in-4 avec fig. 8 fr.

DICTIONNAIRE USUEL d'agriculture pratique; guide des agriculteurs. 1836, 1 gros vol. in-8. 8 fr.

ÉCONOMIE DE L'AGRICULTURE, par B. Crud. Nouvelle édit. 1839, 2 vol. in-8. 8 fr.

ÉCONOMIE POLITIQUE. La France doit-elle proclamer la liberté du commerce avec l'extérieur? par de Cazaux. 1828, in-8. 50 c.

ÉCONOMIE RURALE considérée dans ses rapports avec la chimie, la physique et la météorologie, par M. Boussingault. 1844, 2 vol. in-8. 15 fr.

ÉCONOMIE RURALE ET CIVILE, par Delalauze. 6 vol. in-8. 12 fr.

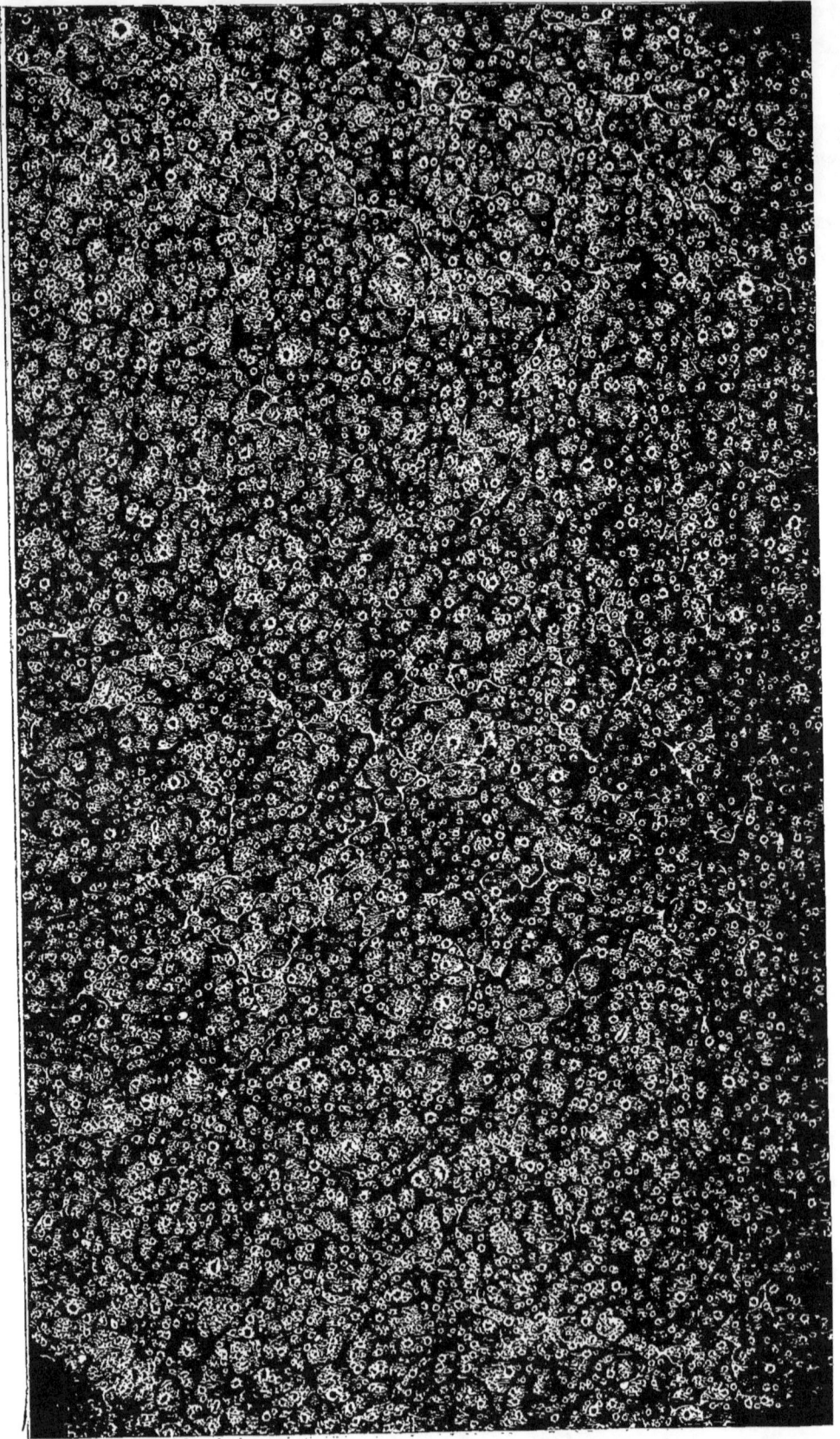

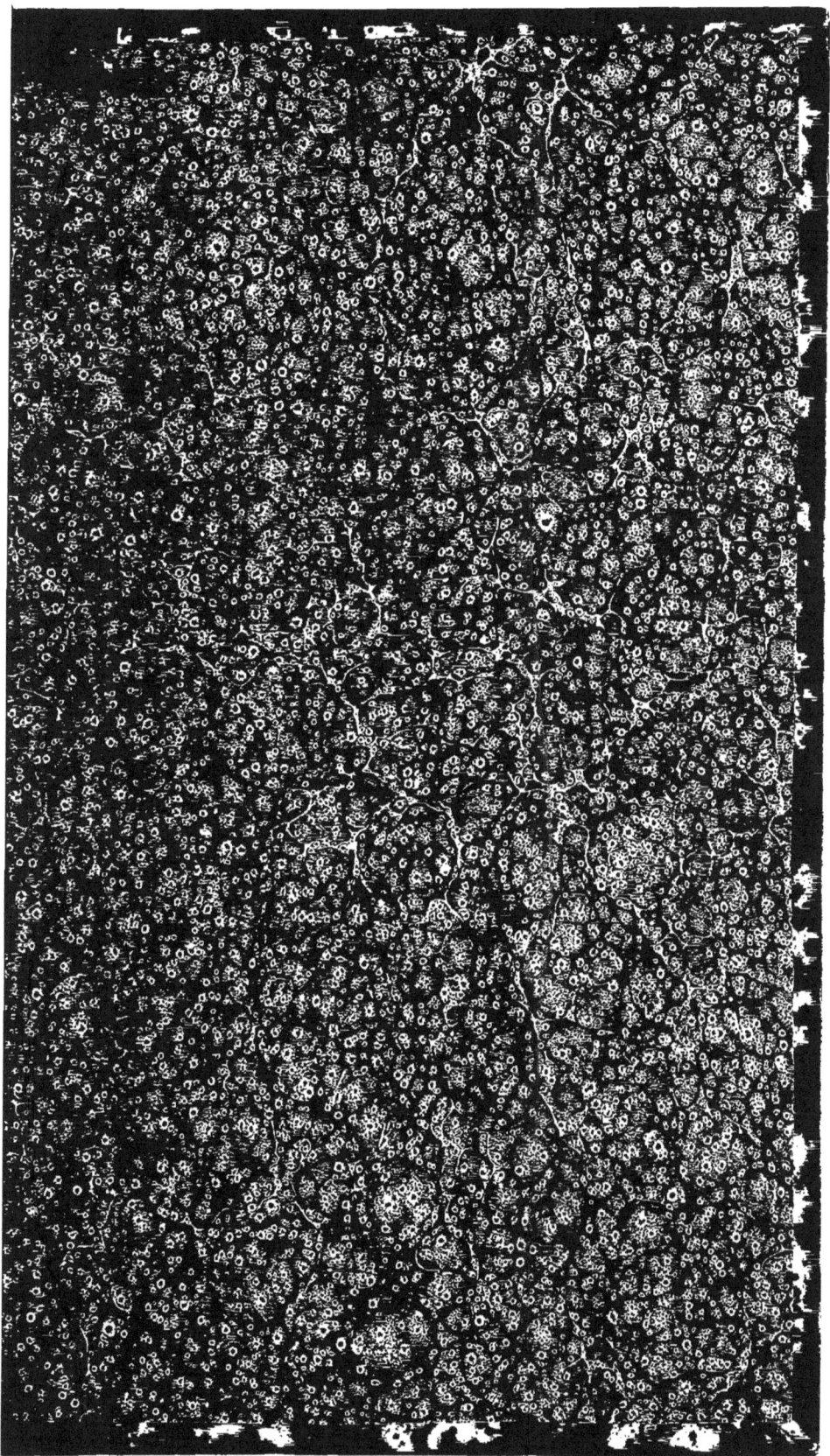